2026년도 공무원 데일리 유대종 시즌 2

STRUCTURE 이 책의 구성

1 꾸준한 학습으로 공부할 수 있는 'DAY별 구성'

• 한 주에 Day1~Day5까지 구성

2 국어 영역의 깊고 넓은 이해를 위한 '다양한 콘텐츠'

• PSAT 민경채 / 5급 / 입법 등 국어 영역과 관련된 모든 콘텐츠

문 제 편

국어 치열하게 독하게

공무원 데일리 유대종

DAY 01 정답 및 해설
Week 1

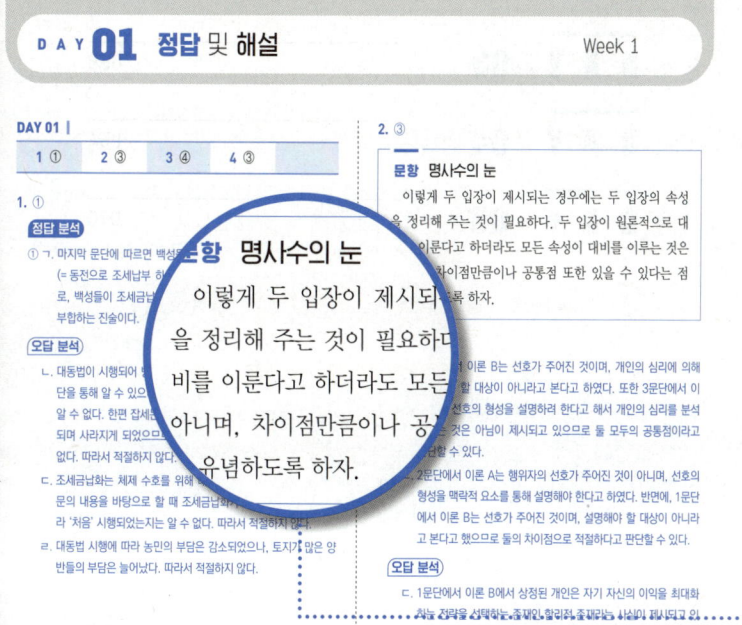

3

극도로 친절한 해설과
'명사수의 눈'

• '명사수의 눈': 풀이의 접근 방식이 필수적인 문제에 대해서는, 어떻게 문제에 접근하고 정오를 판별할 수 있는지 선별적으로 설명

해 설 편

2026년도 **공무원 데일리 유대종 시즌 2**

CONTENTS

WEEK 1

- DAY 01 008
- DAY 02 016
- DAY 03 022
- DAY 04 030
- DAY 05 036

WEEK 2

- DAY 01 044
- DAY 02 050
- DAY 03 058
- DAY 04 064
- DAY 05 070

WEEK 3

DAY 01 — 080
DAY 02 — 088
DAY 03 — 096
DAY 04 — 104
DAY 05 — 110

WEEK 4

DAY 01 — 120
DAY 02 — 130
DAY 03 — 136
DAY 04 — 142
DAY 05 — 148

국어
치열하게
독하게

2026년도 **공무원** 데일리 유대종 **시즌 2**

WEEK 1

DAY 01

Week 1

[1] 다음 글을 읽고 물음에 답하시오.

> 경제학자들은 환경자원을 보존하고 환경오염을 억제하는 방편으로 환경세 도입을 제안했다. 환경자원을 이용하거나 오염물질을 배출하는 제품에 환경세를 부과하면 제품 가격 상승으로 인해 그 제품의 소비가 감소함에 따라 환경자원을 아낄 수 있고 환경오염을 줄일 수 있다.
>
> 일부에서는 환경세가 소비자의 경제적 부담을 늘리고 소비와 생산의 위축을 가져올 수 있다고 우려한다. 그러나 많은 경제학자들은 환경세 세수만큼 근로소득세를 경감하는 경우 환경보존과 경제성장이 조화를 이룰 수 있다고 본다.
>
> 환경세는 환경오염을 유발하는 상품의 가격을 인상시킴으로써 가계의 경제적 부담을 늘려 실질소득을 떨어뜨리는 측면이 있다. 하지만 환경세 세수만큼 근로소득세를 경감하게 되면 근로자의 실질소득이 증대되고, 그 증대효과는 환경세 부과로 인한 상품가격 상승효과를 넘어설 정도로 크다. 왜냐하면 상품가격 상승으로 인한 경제적 부담은 연금생활자나 실업자처럼 고용된 근로자가 아닌 사람들 사이에도 분산되는 반면, 근로소득세 경감의 효과는 근로자에게 집중되기 때문이다. 근로자의 실질소득 증대는 사실상 근로자의 실질임금을 높이고, 이것은 대체로 노동공급을 증가시키는 경향이 있다.
>
> 또한, 환경세가 부과되더라도 노동수요가 늘어날 수 있다. 근로소득세 경감은 기업의 입장에서 노동이 그만큼 저렴해지는 효과가 있다. 더욱이 환경세는 노동자원보다는 환경자원의 가격을 인상시켜 상대적으로 노동을 저렴하게 하는 효과가 있다. 이렇게 되면 기업의 노동수요가 늘어난다.
>
> 결국 환경세 세수를 근로소득세 경감으로 재순환시키는 조세구조 개편은 한편으로는 노동의 공급을 늘리고, 다른 한편으로는 노동에 대한 수요를 늘린다. 이것은 고용의 증대를 낳고, 결국 경제 활성화를 가져온다.

1. 윗글에서 알 수 있는 것은?

① 환경세의 환경오염 억제 효과는 근로소득세 경감에 의해 상쇄된다.
② 환경세를 부과하더라도 그만큼 근로소득세를 경감할 경우, 근로자의 실질소득은 늘어난다.
③ 환경세를 부과할 경우 근로소득세 경감이 기업의 고용 증대에 미치는 효과가 나타나지 않는다.
④ 환경세를 부과하더라도 노동집약적 상품의 상대가격이 낮아진다면 기업의 고용은 늘어나지 않는다.

[2] 다음 글을 읽고 물음에 답하시오.

　컴퓨터그래픽스(Computer Graphics)는 디지털 기술을 기반으로 한 화상의 전반을 일컫는 표현이며, 편의상 CG 혹은 CGI(Computer-Generated Imagery)라 칭한다. CG는 디지타이저(digitizer)를 통해 입력한 이미지를 단순 변형시키는 작업에서부터 3차원 모델링까지 매우 다양한 형태로 발전해왔다. 영화 <스타워즈 : 에피소드 4-새로운 희망>(1977)에서 처음 활용되었는데, 미니어처의 제작만으로는 그 공상과학적 효과가 불가능했을 '죽음의 별'을 구현하기 위해서다. CG는 특히 영상의 합성 및 캐릭터의 변태 그리고 폭발 등 다양한 효과를 가능케 한다. 때문에 CG는 극영화보다 애니메이션에서 더욱 빠른 기술의 발달을 보였다. <토이스토리>는 온전히 CG 렌더링으로만 제작된 최초의 작품이다. 한국영화에서는 <구미호>가 인물의 변신을 형상화하기 위한 기법으로 모핑(morphing)을 최초로 사용했다.

　CG의 장점으로는 특수 분장이나 모델링 같은 아날로그 방식으로 구현이 불가능한 초현실적 미장센을 창조할 수 있다는 점이 있다. CG는 또한 자유로운 변형과 수정을 통해 더욱 더 정교하고 스펙터클한 영상을 사실적으로 그려낼 수도 있다. 이렇게 CG는 이미지의 역설을 양분으로 하고 있는데, 비현실적 상상을 마치 실상인 것처럼 구현해내기 때문이다. 비현실의 시각적 사실성이라는 형용모순을 기반으로 CG는 오늘날 SF 장르와 같이 형식주의를 지향하는 영화에서는 필수다.

　CG를 남발했을 경우에 동반되는 부작용 역시 언급되어야 할 사항이다. CG의 과잉사용은 특히 언캐니(Uncanny) 현상을 불러일으킨다. 언캐니는 '낯선', '두려운'의 뜻을 가진 개념으로, 영화에서는 디지털 기술이 자아내는 괴기스러움, 설명하기 힘든 불편함과 이에 따른 두려움을 의미한다. 따라서 SF나 애니메이션 장르에 등장하는 디지털 캐릭터, 즉 로봇이나 인조인간 혹은 인류와 유사한 생명체에게서 흔히 언캐니 현상이 발생한다. 특히 모션 캡처나 배우의 실사감을 한층 더 정교하게 재현하는 퍼포먼스 캡처는 언캐니 현상을 일으키는 대표적인 CG 기술이다. 인공적 캐릭터가 인간과 유사하면 관객은 호감을 가지지만, 그 정교함이 지나치면 오히려 거부감이나 심지어 혐오감이 발생하기 때문이다. 인간과 동일하지만 동시에 낯선 인상, 이것이 바로 언캐니다. 이것은 인간이 본능적으로 가지는 정서이며, 모든 영장류에 보편적으로 적용되는 원칙이다.

　예를 들어 <스타워즈> 시리즈에 등장하는 로봇 R2D2는 관객의 큰 호감을 얻었다. 인간을 빼닮은 그 형상이 실제 인간과는 적당히 거리를 유지하기 때문이다. 하지만 <폴라 익스프레스>의 경우는 사뭇 다르다. 인간의 형상과 움직임을 최대한 재현했던 극사실주의적 CG는 오히려 낯설고 섬뜩한 인상을 심어 준다. 이 영화의 흥행 실패는 바로 CG 캐릭터가 불러일으키는 언캐니 현상에 기인한다. 온전히 CG로만 구현된 영화 <베오울프> 역시 인공캐릭터의 역반응을 극복하지 못한 또 다른 예다.

2. 윗글의 내용과 부합하는 것을 <보기>에서 모두 고른 것으로 적절한 것은?

<보기>
ㄱ. '언캐니' 현상은 인간의 본능에 기인한다.
ㄴ. CG는 오늘날 모든 장르의 영화에서 필수적인 기술로 자리 잡았다.
ㄷ. '언캐니' 현상은 SF영화에서만 발생하는 현상이다.
ㄹ. CG는 특수 분장 등의 아날로그 방식을 포함한다.
ㅁ. 영화의 흥행과 캐릭터의 인기가 '언캐니' 현상의 유무에 의해 영향을 받을 수 있다.

① ㄱ, ㄷ　　② ㄱ, ㅁ
③ ㄴ, ㄹ　　④ ㄱ, ㄹ, ㅁ

DAY 01

[3] 다음 글을 읽고 물음에 답하시오.

내가 어렸을 때만 하더라도 원래 북아메리카에는 100만 명 가량의 원주민밖에 없었다고 배웠다. 이렇게 적은 수라면 거의 빈 대륙이라고 할 수 있으므로 백인들의 아메리카 침략은 정당해 보였다. 그러나 고고학 발굴과 미국의 해안 지방을 처음 밟은 유럽 탐험가들의 기록을 자세히 검토한 결과 원주민들이 처음에는 수천 만 명에 달했다는 것을 알게 되었다. 아메리카 전체를 놓고 보았을 때 콜럼버스가 도착한 이후 한두 세기에 걸쳐 원주민 인구는 최대 95%가 감소한 것으로 추정된다.

그런데 유럽의 총칼에 의해 전쟁터에서 목숨을 잃은 아메리카 원주민보다 유럽에서 온 전염병에 의해 목숨을 잃은 원주민 수가 훨씬 많았다. 이 전염병은 대부분의 원주민들과 그 지도자들을 죽이고 생존자들의 사기를 떨어뜨림으로써 그들의 저항을 약화시켰다. 예를 들자면 1519년에 코르테스는 인구 수천만의 아스텍 제국을 침탈하기 위해 멕시코 해안에 상륙했다. 코르테스는 단 600명의 스페인 병사를 이끌고 아스텍의 수도인 테노치티틀란을 무모하게 공격했지만 병력의 3분의 2만 잃고 무사히 퇴각할 수 있었다. 여기에는 스페인의 군사적 강점과 아스텍족의 어리숙함이 함께 작용했다. 코르테스가 다시 쳐들어왔을 때 아스텍인들은 더 이상 그렇게 어리숙하지 않았고 몹시 격렬한 싸움을 벌였다. 그런데도 스페인이 우위를 점할 수 있었던 것은 바로 천연두 때문이었다. 이 병은 1520년에 스페인령 쿠바에서 감염된 한 노예와 더불어 멕시코에 도착했다. 그때부터 시작된 유행병은 거의 절반에 가까운 아스텍족을 몰살시켰으며 거기에는 쿠이틀라우악 아스텍 황제도 포함되어 있었다. 이 수수께끼의 질병은 마치 스페인인들이 무적임을 알리려는 듯 스페인인은 내버려두고 원주민만 골라 죽였다. 그리하여 처음에는 약 2,000만에 달했던 멕시코 원주민 인구가 1618년에는 약 160만으로 곤두박질치고 말았다.

3. 윗글에서 알 수 있는 것은?

① 전염병에 대한 유럽인의 면역력은 그들의 호전성을 높여주었다.
② 스페인의 군사력이 아스텍 제국의 저항을 무력화한 가장 결정적인 원동력이다.
③ 아메리카 원주민의 수가 급격히 감소한 주된 원인은 전염병 감염이다.
④ 유럽인과 아메리카 원주민의 면역력 차이가 스페인과 아스텍 제국의 1519년 전투 양상을 변화시켰다.

4. 다음 진술이 모두 참일 때 '나'에 대하여 반드시 참인 것은?

> - 나는 오늘 국어 공부를 했거나 수학 공부를 했다.
> - 만약 내가 국어 공부를 하면, 언어이해 성적이 올라간다.
> - 나는 오늘 수학 공부를 하지 않았다.

① 오늘 국어 공부를 하고 수학 공부를 했다.
② 국어 공부를 했지만 언어이해 성적은 올라가지 않았다.
③ 오늘 언어이해 성적이 올라갔다.
④ 언어이해 성적이 오르면 국어 공부를 한 것이다.

[5] 다음 글을 읽고 물음에 답하시오.

　단어를 공통된 성질에 따라 분류한 것을 '품사'라 한다. 품사 분류의 기준으로는 일반적으로 '형태, 기능, 의미'가 있다. '형태'는 단어가 활용하느냐 활용하지 않느냐에 관한 것이고 '기능'은 단어가 문장에서 하는 역할과 관련된다. '의미'는 단어의 구체적인 의미가 아니라 단어 부류가 가지는 추상적인 의미를 말한다.

　이러한 기준의 전체 혹은 일부를 적용하여 활용하지 않으며 사물의 이름을 나타내는 말, 활용하고 사물의 동작이나 작용을 나타내는 말, 활용하지 않으며 수량이나 순서를 나타내는 말, 활용하지 않으며 앞말에 붙어 앞말과 다른 말의 문법적 관계를 나타내거나 특수한 의미를 덧붙이는 말, 활용하지 않으며 뒤에 오는 체언을 수식하는 말 등으로 개별 품사를 분류할 수 있다.

[A]
　그런데 실제로 단어의 품사를 분류할 때에는 분류가 쉽지 않은 것들도 있다. 동사와 형용사의 구별이 대표적인데 사물의 속성이나 상태를 나타내는 형용사와 사물의 작용의 일종인 상태 변화를 나타내는 일부 동사는 의미상 매우 밀접하여 좀 더 세밀하게 구분하여야 한다. 가령 '햇살이 밝다'에서의 '밝다'는 상태를 나타내는 형용사이고, '날이 밝는다'에서의 '밝다'는 상태의 변화를 나타내는 동사이다. 동사와 형용사를 구별하는 또 다른 기준으로 활용 양상을 내세우기도 한다. 동사와 달리 형용사는 원칙적으로 선어말 어미 '-ㄴ/는-', 관형사형 어미 '-는', 명령형·청유형 종결 어미, 의도나 목적을 나타내는 연결 어미 등과 결합하여 쓰이지 않는다.

　다만, '있다'의 경우는 품사를 분류할 때 더욱 주의해야 한다. '존재', '소유'와 같이 상태의 의미를 나타내는 '있다'는 형용사로, '한 장소에 머묾'의 의미인 '있다'는 동사로 분류되는데, 동사 '있다'뿐만 아니라 형용사의 '있다'가 관형사형 어미 '-는'과 결합하기 때문이다. 형용사 '없다'의 경우도 반의어인 형용사 '있다'와 동일한 활용 양상을 보여 준다.

5. [A]를 참고하여 〈보기〉를 이해한 내용으로 적절하지 않은 것은?

　보기
　ⓐ ┌ 영희가 밥을 먹었다. / 꽃이 예뻤다.
　　└ 영희가 밥을 먹는다. / *꽃이 예쁜다.
　ⓑ ┌ 영희야, 밥 먹어라. / *영희야, 좀 예뻐라.
　　└ 영희야, 밥 먹자. / *우리 좀 예쁘자.
　ⓒ ┌ 밥 먹으려고 식당으로 갔다. / *예쁘려고 미용실에 갔다.
　　└ 밥 먹으러 식당에 갔다. / *예쁘러 미용실에 갔다.
　ⓓ ┌ 나에게는 돈이 있다. / 돈이 있는 사람
　　└ 나에게는 돈이 없다. / 돈이 없는 사람
　ⓔ ┌ 나무가 크다. / 나무가 쑥쑥 큰다.
　　└ 머리카락이 길다. / 머리카락이 잘 긴다.

※ '*'는 비문임을 나타냄.

① ⓐ : 동사와는 달리 형용사는 현재를 나타내는 선어말 어미와 결합할 수 없다.
② ⓑ : 동사와는 달리 형용사는 명령형·청유형 어미와 결합할 수 없다.
③ ⓒ : 동사와는 달리 형용사는 의도·목적을 나타내는 연결 어미와 결합할 수 없다.
④ ⓓ : '있다'와 '없다'는 상태의 의미를 나타내지만 동사로 쓰이고 있다.
⑤ ⓔ : '크다'와 '길다'는 형용사, 동사로 모두 쓰이고 있다.

MEMO

DAY 01 정답 및 해설   Week 1

DAY 01

| 1 ② | 2 ② | 3 ③ | 4 ③ | 5 ④ |

1. ②

정답 분석

② 3문단에 따르면, 환경세 세수만큼 근로소득세를 경감하게 되면 근로자의 실질소득이 증대된다.

오답 분석

① 2문단에 따르면, 환경세 세수만큼 근로소득세를 경감하는 경우, 환경 보존과 경제성장이 조화를 이룰 수 있다. 따라서, 환경세 부과에 따른 환경오염 억제 '효과'가 근로소득세 경감에 의해 '상쇄'되지 않는다.
③ 5문단에 따르면, 환경세 세수를 근로소득세 경감으로 재순환시키는 조세구조 개편은 노동 공급을 늘리는 한편 노동 수요를 늘린다.
④ 지문 내용만을 바탕으로, '노동집약적 상품의 상대가격이 낮아질 때' 기업의 고용이 어떠한 영향을 받게 되는지는 알 수 없다.

2. ②

> **문항** 명사수의 눈
> '만', '모든'과 같은 범위 지정 표현이 제시되면 정오가 선명하게 드러나게 되므로 유의할 수 있도록 하자.

정답 분석

② ㄱ. 3문단에서 언캐니는 인간이 본능적으로 가지는 정서로, 모든 영장류에 보편적으로 적용된다고 제시되고 있으므로 적절하다고 판단할 수 있다.
ㅁ. 4문단에서 3문단에 제시된 언캐니의 예를 들며 〈스타워즈〉 시리즈에 등장하는 로봇은 관객의 큰 호감을 얻었다고 제시되었고, 〈폴라익스프레스〉의 경우 극사실주의적 CG가 오히려 낯설고 섬뜩한 인상을 심어 주었다며 이 영화의 흥행 실패는 언캐니 현상에 기인한다고 제시되고 있으므로 적절하다고 판단할 수 있다.

오답 분석

ㄴ. 2문단에 따르면 CG는 SF 장르와 같이 형식주의를 지향하는 영화에서'는' 필수라 제시되고 있을 뿐, 모든 장르의 영화에서 필수적인 기술이라고 제시된 바 없다.
ㄷ. 3문단에 따르면 언캐니는 CG의 과다 사용에 의한 것으로 SF 영화뿐만 아니라 애니메이션 장르에서도 나타날 수 있어 적절하다고 보기 어렵다.
ㄹ. 1문단에 따르면 CG는 디지털 기술을 기반으로 한 것으로, 2문단에서 CG의 장점이 특수 분장과 같은 아날로그 방식으로 구현할 수 없는 초현실적 미장센을 창조할 수 있다는 것임이 제시되고 있어 적절하지 않다고 판단할 수 있다.

3. ③

정답 분석

③ 2문단에 따르면, 유럽에서 온 전염병에 의해 목숨을 잃은 원주민의 수가 유럽의 총칼에 의해 전쟁터에서 목숨을 잃은 아메리카 원주민의 수보다 훨씬 많았고, 유행병이 절반에 가까운 아스텍족을 몰살시켰다. 이를 바탕으로 아메리카 원주민의 수가 급격히 감소(2천만 → 160만)한 주된 원인은 전염병 감염이었음을 추론할 수 있다.

오답 분석

① 2문단의 수수께끼의 질병이 '마치 스페인들이 무적임을 알리려는 듯 스페인인은 내버려두'었다는 진술을 바탕으로 전염병에 대해 유럽인들이 면역력이 있었을 것임을 추론할 수는 있지만, 이 면역력이 유럽인의 호전성에 어떤 영향을 미쳤는지는 지문을 바탕으로 추론할 수 없다.

② 2문단에 따르면, '코르테스가 다시 쳐들어왔을 때 아스텍인들은 더 이상 그렇게 어리숙하지 않았'음에도 불구하고 스페인이 우위를 점할 수 있었던 이유는 '천연두' 때문이었다.

④ 2문단에 따르면, 1519년의 첫 전투에서는 스페인의 군사적 강점과 아스텍족의 어리숙함이 함께 작용하여 전투에 영향을 미쳤다. 천연두는 1520년에 멕시코에 도착하였으므로, 1519년 전투 양상과는 상관이 없다.

4. ③

정답 분석

③ 첫 번째 진술과 세 번째 진술을 바탕으로 선언지 제거를 적용한다.
"나는 국어 공부를 했거나 수학 공부를 했다.(A ∨ B)"
"나는 수학 공부를 하지 않았다.(~B)"
→ 두 진술을 통해 선언지 제거를 사용하면, 나는 국어 공부를 했다는 결론(A)을 얻을 수 있다.
이제 두 번째 진술과 첫 번째 과정의 결과를 바탕으로 전건 긍정을 적용한다.
"만약 내가 국어 공부를 하면, 언어이해 성적이 올라간다.(A → B)"
"나는 국어 공부를 했다.(A)"
→ 이 두 진술을 통해 전건 긍정을 사용하면, 언어이해 성적이 올랐다는 결론을 얻을 수 있다.

오답 분석

① 세 번째 진술에 따르면 나는 수학 공부를 하지 않았으므로 적절하지 않다.

② 두 번째 진술에 따르면 국어 공부를 하면 반드시 언어이해 성적이 올라야 하므로 적절하지 않다.

④ 두 번째 진술에 따르면 국어 공부를 하면 언어이해 성적이 오르지만, 그 역이 항상 성립하는 것은 아니므로 반드시 참이 될 수는 없다.

5. ④

정답 분석

④ [A]의 마지막 문단을 보면 '존재, 소유'와 같이 상태를 의미하는 '있다'는 형용사임에도 불구하고 관형사형 어미 '-는'과 결합하고, 형용사 '없다'의 경우도 반의어인 형용사 '있다'와 동일한 양상을 보여 준다고 제시하고 있다. 즉, 형용사 '없다'도 관형사형 어미 '-는'과 결합한다는 의미이다. ⓓ의 예문에 쓰인 '있다'는 '소유'의 의미를 지니는 형용사이고, 이에 대한 반의어 '없다' 역시 형용사이다. 형용사 '있다, 없다'는 형용사임에도 불구하고 관형사형 어미 '-는'과 결합할 수 있다. 따라서 '있다, 없다'가 동사로 쓰이고 있다는 내용은 적절하지 않다. (관형사형 어미 '-는'과 결합했다고 동사라고 판단하지 말자.)

오답 분석

① 동사 '먹다'에는 현재 시제 선어말 어미 '-는-'이 결합한 '먹는다'가 쓰일 수 있지만, 형용사 '예쁘다'에는 현재 시제 선어말 어미 '-ㄴ-'이 결합한 '예쁜다'가 쓰일 수 없다.

② 동사 '먹다'에는 명령형 어미 '-어라'가 결합한 '먹어라'와 청유형 어미 '-자'가 결합한 '먹자'가 쓰일 수 있지만, 형용사 '예쁘다'에는 명령형 어미 '-어라'가 결합한 '예뻐라(예쁘- + -어라)'와 청유형 어미 '-자'가 결합한 '예쁘자'가 쓰일 수 없다.

③ 동사 '먹다'에는 의도를 나타내는 연결 어미인 '-려고'가 결합한 '먹으려고'와 목적을 나타내는 연결 어미 '-러'가 결합한 '먹으러'가 사용될 수 있지만, 형용사 '예쁘다'에는 의도를 나타내는 연결 어미인 '-려고'가 결합한 '예쁘려고'와 목적을 나타내는 연결 어미 '-러'가 결합한 '예쁘러'가 쓰일 수 없다.

⑤ '크다'와 '길다'는 상태를 나타내는 형용사로도 쓰이지만 '큰다', '긴다'와 같이 상태의 변화를 나타내는 동사로 쓰일 수 있다. 동사로 쓰일 때는 현재 시제 선어말 어미 '-ㄴ-'이 결합할 수 있다.

[1] 다음 글을 읽고 물음에 답하시오.

사실 다른 문학 장르와는 달리 소설이란 그 특유의 문법도 규범도 없기 때문에 많은 사람들이 지난 수세기 동안 소설이 무엇인지 만족할만한 정의를 내리지 못하고 있다. 마르트 로베르는 바로 그러한 점에 착안해서 지금까지 시도된 모든 정의가 왜 불완전한가를 검토하고 그 근본적인 이유를 '사실'과 '꾸며낸 것' 사이의 경계가 불분명한 데서 찾고 있다. 마르트 로베르는 환상소설의 경우 작가 자신이 사실을 쓰고 있지 않다는 것을 의도적으로 밝히고 있기 때문에 '꾸며낸 것'이지만 훨씬 정직한 편이라는 것이고, 사실주의적 소설의 경우 그것이 '사실'에 가깝기는 하지만 꾸며낸 것이기는 마찬가지이므로 오히려 부정직하고 독자를 더욱 속이는 결과를 가져온다는 것이라고 말하고 있다.
따라서 소설이 '거짓말'인 것은 두 경우 모두 사실인데, 갑자기 문학 장르가 된 소설이 기존의 다른 장르가 가지고 있는 문학적 요소를 무엇이나 자기 것으로 삼고 그리하여 가장 강력한 문학 장르로 등장하게 된 것은 소설이 가지고 있는 제국주의적 성격과 벼락부자의 성격 때문이라고 이야기 한다. 결국은 서민 출신이 출세를 하기 위해서 귀족과 결혼하는 것과 마찬가지로 뒤늦게 문학 장르로 군림하게 된 소설은 끊임없이 잡다한 이야기를 함으로써 자기의 생애를 고쳐 쓰는 심리적 혹은 정신분석학적 거짓말을 만들어낸다는 것이다.
마르트 로베르는 프로이트의 『신경증 환자의 가족소설』에서 말하는 '가족소설'을 바로 이 거짓말의 원형으로 보고 있다. 어린아이에게는 의식적이고 정상적인 어른에게는 무의식적이며 신경증 환자에게는 집요하게 나타나는 가족소설은 두 가지 유형으로 나타나는데 하나가 '업둥이'이고 다른 하나가 '사생아'이다. 업둥이는 자기의 부모가 절대적인 능력의 소유자가 아니라 보잘것없는 평민이라는 것을 알고 그들을 진짜 부모로 생각하지 않게 되면서 자신의 진짜 부모는 왕족으로서 언젠가는 자기의 신분을 회복할 수 있으리라고 이야기를 꾸민다. 사생아는 아버지와 어머니 사이에 성적 차이가 있다는 것을 깨닫고 어머니는 진짜 어머니지만 아버지는 현재의 아버지가 아니라고 생각하여 아버지를 부인하는 단계다.
따라서 소설을 쓰는 방법에는 이 두 가지만 있다고 생각한 마르트 로베르는, 사생아의 방법이 사실주의적인 방법으로서 세계를 정면으로 공격하면서도 세계를 도와주는 것이고, 나르시스적인 업둥이의 방법이 지식도 없고 행동 능력도 없어서 세계와의 싸움을 교묘하게 피하는 것이라고 주장한다. 그는 사생아의 방법에 속하는 작가로 빅토르 위고, 톨스토이, 도스토예프스키, 프루스트, 포크너, 디킨스 등의 사실주의적 작가들을 들고 있다. 업둥이의 방법에 속하는 작가로 세르반테스, 노발리스, 카프카, 멜빌 등의 낭만주의 및 상징주의 작가들을 들고 있다.

1. 윗글의 내용과 부합하는 것으로 적절하지 않은 것은?

① '사생아'와 '업둥이'는 자신의 양친이 진짜 부모라는 것을 부인한다.
② 환상소설과 사실주의 소설 모두 독자를 속이는 결과를 가져온다.
③ '가족소설'의 두 가지 유형은 '업둥이와 사생아의 이야기'에서 찾아 볼 수 있다.
④ 소설은 제국주의적 성격을 갖고 있어서 기존 장르의 문학적 요소들을 자기 것으로 삼기도 한다.

[2] 다음 글을 읽고 물음에 답하시오.

공동의 번영과 조화를 뜻하는 공화(共和)에서 비롯된 공화국이라는 용어는 국가라는 정치 공동체 전체를 위해 때로는 개인의 양보가 필요할 수 있음을 전제하고 있다는 점에서 사회적 공공성 개념과 연결된다. 이미 1919년 임시 정부가 출범하면서 '민주공화국'이라는 표현이 등장하였고 헌법 제1조에도 '대한민국은 민주공화국'이라고 명시되어 있지만, 분단 이후 북한도 '공화국'이라는 용어를 사용함에 따라 한국에서는 이 용어의 사용이 기피되었다. 냉전 체제의 고착화로 인해 반공이 국시가 되면서 '공화국'보다는 오히려 '자유민주주의'라는 용어가 훨씬 더 널리 사용되었는데, 이때에도 민주주의보다는 자유가 강조되었다.

그런데 해방 이후 한국 사회에 널리 유포된 자유의 개념은 대체로 서구의 고전적 자유주의 전통에서 비롯된 것이다. 이 전통에서 보자면, 자유란 '국가의 강제에 대립하여 자신의 사유 재산권을 자기 마음대로 행사할 수 있는 것'을 의미한다. 이 같은 자유 개념에 기초하고 있는 자유민주주의에서는 개인의 자유를 강조할수록 사회적 공공성은 약화될 수밖에 없다.

자유민주주의가 1960년대 이후 급속히 팽배하기 시작한 개인주의와 결합하면서 사회적 공공성은 더욱 후퇴하였다. 이 시기 군사정권이 내세웠던 "잘 살아보세."라는 표어는 우리 공동체 전체가 다 함께 잘 사는 것이라기보다는 사실상 나 또는 내 가족만큼은 잘 살아보자는 개인적 욕망의 합리화를 의미했다. 그 결과 공동체 전체의 번영을 위한 사회 전반의 공공성이 강화되기보다는 사유 재산의 증대를 위해 국가의 간섭을 배제해야 한다는 논리가 강화되었던 것이다.

2. 윗글에서 알 수 있는 것은?

① 한국 사회에서 자유민주주의라는 용어는 공화국의 이념을 충실하게 수용한 것이다.
② 임시 정부에서 민주공화국이라는 용어를 사용한 것은 자유주의 전통에 따른 것이다.
③ 고전적 자유주의에서 비롯된 자유 개념을 강조할수록 사회적 공공성이 약화될 수 있다.
④ 반공이 국시가 된 이후 국가 공동체에 대한 충성을 강조한 결과 공공성에 대한 관심이 증대되었다.

[3] 다음 글을 읽고 물음에 답하시오.

　체험사업을 운영하는 이들은 아이들에게 다양한 직업의 현장과 삶의 실상, 즉 현실을 체험하게 해준다고 홍보한다. 직접 겪지 못하는 현실을 잠시나마 체험함으로써 미래에 더 좋은 선택을 할 수 있게 한다는 것이다. 체험은 생산자에게는 홍보와 돈벌이 수단이 되고, 소비자에게는 교육의 연장이자 주말 나들이 거리가 된다. 이런 필요와 전략이 맞물려 체험사업이 번성한다. 그러나 이때의 현실은 체험하는 사람의 필요와 여건에 맞추어 미리 짜놓은 현실, 치밀하게 계산된 현실이다. 다른 말로 하면 가상현실이다. 아이들의 상황을 고려해서 눈앞에 보일 만한 것, 손에 닿을 만한 것, 짧은 시간에 마칠 수 있는 것을 잘 계산해서 마련해 놓은 맞춤형 가상현실인 것이다. 눈에 보이지 않는 구조, 손에 닿지 않는 제도, 장기간 반복되는 일상은 체험행사에서는 제공될 수 없다.
　여기서 주목해야 할 것은 경험과 체험의 차이이다. 경험은 타자와의 만남이다. 반면 체험 속에서 인간은 언제나 자기 자신만을 볼 뿐이다. 타자들로 가득한 현실을 경험함으로써 인간은 스스로 변화하는 동시에 현실을 변화시킬 동력을 얻는다. 이와 달리 가상현실에서는 그것을 체험하고 있는 자신을 재확인하는 것으로 귀결되기 마련이다. 경험 대신 체험을 제공하는 가상현실은 실제와 가상의 경계를 모호하게 할 뿐만 아니라 우리를 현실에 순응하도록 이끈다. 요즘 미래 기술로 각광받는 디지털 가상현실 기술은 경험을 체험으로 대체하려는 오랜 시도의 결정판이다. 버튼 하나만 누르면 3차원으로 재현된 세계가 바로 앞에 펼쳐진다. 한층 빠르고 정교한 계산으로 구현한 가상현실은 우리에게 필요한 모든 것을 눈앞에서 체험할 수 있는 본격 체험사회를 예고하는 것만 같다.

3. 윗글에서 알 수 있는 것은?

① 체험사업은 장기간의 반복적 일상을 가상현실을 통해 경험하도록 해준다.
② 현실을 변화시킬 수 있는 동력은 체험이 아닌 현실을 경험함으로써 얻게 된다.
③ 가상현실은 실제와 가상 세계의 경계를 구분하여 자기 자신을 체험할 수 없도록 한다.
④ 체험사업은 아이들에게 타자와의 만남을 경험하게 해줌으로써 경제적 이윤을 얻고 있다.

4. 다음 진술이 모두 참일 때 '나'에 대하여 반드시 참인 것은?

> - 땅이 젖어 있지 않다면 오늘 비가 내리지 않은 것이다.
> - 오늘 비가 오거나 황사가 온다.
> - 오늘 황사가 오지 않았다.

① 땅이 젖어 있다면 비가 내린 것이다.
② 오늘 비가 오면 황사도 온다.
③ 땅이 젖었다.
④ 오늘 비도 황사도 오지 않았다.

5. 〈보기〉의 ㉠을 설명할 수 있는 사례로 가장 적절한 것은?

보기

> 동사는 움직임이나 작용을 나타내고, 형용사는 성질이나 상태를 나타낸다. 그런데 ㉠하나의 단어가 하나 이상의 문법적 성질을 가지고 있어 동사와 형용사 두 가지로 사용되는 경우가 있다. '밝다'의 경우, '달이 밝다.'에서는 '환하다'의 의미로 쓰여 형용사가 되고 '날이 밝는다.'에서는 '밤이 지나고 환해지다'의 의미로 쓰여 동사가 된다.

① 그녀의 속눈썹은 <u>길다</u>.
　<u>긴</u> 겨울방학이 끝났다.
② 나이보다 얼굴이 <u>젊다</u>.
　<u>젊은</u> 나이에 성공을 했다.
③ 봄바람이 <u>따뜻하다</u>.
　<u>따뜻한</u> 마음씨를 가져야 한다.
④ 나는 너에 대한 기대가 <u>크다</u>.
　우리 아들은 키가 쑥쑥 <u>큰다</u>.
⑤ 외출하기에는 시간이 너무 <u>늦다</u>.
　그는 <u>늦은</u> 나이에 대학에 진학했다.

DAY 02 정답 및 해설

Week 1

DAY 02

| 1 ① | 2 ③ | 3 ② | 4 ③ | 5 ④ |

1. ①

문항 명사수의 눈

> 소설이 환상소설 vs 사실소설, 가족소설에서 업둥이 vs 사생아 유형이 나뉘어 제시되고 있는 점에 주목해 보도록 하자. 이 지문에서 소설이 모두 '거짓말'이라고 한 것에 이어, 거짓말의 원형으로 소설의 두 유형과 정확히 일치하는 가족소설의 두 유형이 제시된 것을 통해 이 둘이 서로 대응될 수 있겠다는 점을 예측할 수 있었다면 적절하게 독해한 것이라고 볼 수 있다.

정답 분석

① 3문단에 따르면 업둥이는 자기의 부모가 진짜 부모라고 생각하지 않고, 진짜 부모가 왕족이며, 자신의 신분을 언젠가 회복할 수 있으리라 이야기를 꾸미는 것이므로 적절하다고 볼 수 있지만, 사생아 유형은 아버지를 부정하되, 어머니는 진짜 어머니라고 생각하므로 자신의 양친이 진짜 부모라는 것을 부인한다고 볼 수 없다.

오답 분석

② 1문단에서 환상소설은 사실이 아님을 밝히므로 훨씬 정직한 편이고, 사실주의적 소설은 사실에 가깝지만 꾸며낸 것이기 때문에, 부정직하며 독자를 더욱 속이는 결과를 가져온다고 제시되고 있다. 둘 모두 정도의 차이는 있어도 꾸며냈기 때문에 독자를 속이는 결과를 가져온다고 판단할 수 있다.
③ 3문단에서 가족소설은 두 가지 유형으로 나타난다면서 하나가 '업둥이'이고 다른 하나는 '사생아'라고 제시되고 있으므로 적절하다고 판단할 수 있다.
④ 2문단에 따르면 소설이 기존의 다른 장르가 가지고 있는 문학적 요소를 무엇이나 자기 것으로 삼은 것은 소설이 가지고 있는 제국주의적 성격 탓이라고 제시되고 있으므로 적절하다고 판단할 수 있다.

2. ③

정답 분석

③ 2문단에 따르면, 서구의 고전적 자유주의 전통에서 비롯된 자유 개념에 기초하고 있는 자유민주주의에서는 개인의 자유를 강조할수록 사회적 공공성은 약화될 수밖에 없다.

오답 분석

① 1문단에 따르면, 반공이 국시가 되면서 '공화국'보다는 오히려 '자유민주주의'라는 용어가 훨씬 더 널리 사용되었는데, 이를 바탕으로 할 때, 한국 사회에서 '자유민주주의'라는 용어가 공화국의 이념을 '충실히 수용'했다고 볼 수는 없을 것이다.
② 1문단을 바탕으로 임시정부가 출범하면서 '민주공화국'이라는 표현이 등장한 것을 알 수 있다. 그러나 임시 정부에서 이 표현을 사용한 것이 자유주의 전통에 따른 것인지의 여부는 지문 내용만으로는 알 수 없다.
④ 반공이 국시가 된 이후 '공화국'보다는 '자유민주주의'라는 용어가 훨씬 더 널리 사용되었는데, 정답 분석에서 언급한 바와 같이 자유민주주의에서는 개인의 자유를 강조할수록 사회적 공공성은 약화될 수밖에 없다. 따라서, '공공성에 대한 관심이 증대되었다'라고 진술할 수 없다.

3. ②

정답 분석

② 2문단에 따르면, 인간은 타자들로 가득한 현실을 '경험'함으로써 스스로 변화하는 동시에 현실을 변화시킬 동력을 얻는다.

오답 분석

① 1문단에 따르면, 장기간 반복되는 일상은 체험행사에서는 제공될 수 없다.
③ 2문단에 따르면, 가상현실은 실제와 가상의 경계를 구분하는 것이 아니라, 모호하게 하며, 가상현실에서는 그것을 체험하고 있는 자신을 재확인하는 것으로 귀결된다.
④ 2문단에 따르면, 체험 속에서 인간은 자기 자신만을 볼 뿐이다. 이를 바탕으로 체험사업이 '타자와의 만남을 경험하게 해줌'이 적절하지 않음을 알 수 있다.

4. ③

정답 분석

③ 두 번째 진술 "오늘 비가 오거나 황사가 온다.(A ∨ C)"와
세 번째 진술 "오늘 황사가 오지 않았다.(~C)"를 결합하면,
→ "오늘 비가 내렸다.(A)"라는 결론을 얻을 수 있다.(선언지 제거)
이제 첫 번째 진술과 첫 번째 과정의 결과를 바탕으로 추론한다.
첫 번째 진술 "땅이 젖어 있지 않다면 오늘 비가 내리지 않은 것이다.(~B → ~A)"는 대우로 바꿀 수 있다.
→ "오늘 비가 내렸다면 땅이 젖는다.(A → B)"
따라서, 첫 번째 과정의 결론 "오늘 비가 내렸다.(A)"와 "오늘 비가 내렸다면 땅이 젖는다.(A → B)"를 통해, "땅이 젖었다."라는 결론이 도출된다.(전건 긍정 규칙)

오답 분석

① 첫 번째 진술 "땅이 젖어 있지 않다면 오늘 비가 내리지 않은 것이다."의 반대(이)에 해당하지만, 문제에서 요구하는 "반드시 참인 진술"로는 직접적으로 도출되지 않는다.
② 주어진 진술에서 "비가 오면 황사도 온다."라는 논리적 근거는 없다. 오히려 두 번째 진술과 세 번째 진술에 의해 "비가 내렸지만 황사는 오지 않았다."라는 결론이 나온다. 따라서 틀렸다.
④ 두 번째 진술 "오늘 비가 오거나 황사가 온다."와 모순되므로 틀렸다. 선언지는 두 명제 중 하나는 참이어야 한다.

5. ④

정답 분석

④ '기대가 크다'의 '크다'는 상태를 설명하는 형용사이고, '키가 쑥쑥 큰다'의 '크다'는 '성장하다.'라는 의미의 동사이다. 따라서 ㉠의 사례에 해당한다.

오답 분석

① '속눈썹이 길다'와 '긴 겨울방학'의 '길다'는 모두 형용사로 쓰인 사례이다.
② '젊다'는 형용사로만 쓰인다.
③ '따뜻하다'는 형용사로 쓰인다.
⑤ '늦다'는 동사와 형용사 품사 통용으로 쓰이지만, '정해진 때보다 지나다.'라는 의미로 쓰일 때에만 동사로 쓰인다. 제시된 용례는 모두 형용사로 쓰인 예에 해당한다.

[1] 다음 글을 읽고 물음에 답하시오.

화폐의 물리적 구현 형태는 제각기 다를 수 있지만 그와 무관하게 금융경제학에서는 다음의 세 가지 기능인 교환 매개(medium of exchange), 가치 척도(unit of account) 및 가치 저장(store of value) 기능을 모두 가지는 것을 화폐로 정의한다. 특히, 교환매개 기능은 유동성을 제공하는 근원이 되며, 주식, 채권 등 가치 저장 기능을 가지고 있는 다른 유가증권과 화폐를 구분하는 가장 큰 특징이다. 최근의 다수의 화폐 이론 연구들은 특정 교환매개물의 성공적인 통화로서의 통용 여부는 전적으로 경제주체들의 재량과 믿음에 달려있는 문제로 특정 국가에 의한 법정 통화 지정 여부가 필요조건이라고 볼 수는 없다고 주장한다. 따라서 제공 기능 측면에서 본다면 비트코인은 화폐로서의 모든 기능을 수행하며 현 시점에서 비트코인을 통화로 간주하는 것은 타당하다고 볼 수 있다.

비트코인이 통화로서 가지는 가장 큰 특징은 매 4년마다 새로운 통화 공급량이 줄어들어 궁극적으로 통화량이 더 이상 늘지 않도록 설계되었다는 점이다. 2009년 도입 초기에는 10분당 50개의 속도로 비트코인이 생성되도록 설계되었으며, 2050년에 총 2,100만개의 비트코인만이 유통되게 되어 통화량 증가가 중지되도록 설계되었다. 또한, 유통되는 비트코인의 총 통화량이 사전 계획에 따라 결정되어있어 특정 주체에 의한 임의적인 통화량 조절 가능성이 원칙적으로 차단되어 있다.

이러한 통화 공급 구조로 인하여 비트코인과 관련된 경제 규모가 커짐에 따라 비트코인의 통화가치가 상승하는 현상, 즉 디플레이션이 발생하게 된다. 이는 대공황 이후의 일반적인 통화 정책이 지속적으로 낮은 인플레이션을 유지하도록 통화량 공급을 점차 확대하는 방향으로 운용되어온 사실과 극명한 대조를 이룬다. 따라서 비트코인의 사용이 확산될수록 초기부터 비트코인을 보유한 사용자는 비트코인의 가치 상승에 따라 더 큰 이익을 얻을 수 있게 되므로 자발적으로 채굴에 참여하게 될 뿐 아니라 후속 비트코인 사용자들을 적극적으로 끌어들일 유인을 갖게 된다.

반면, 이러한 통화 공급 구조로 인해 폴 크루그먼, 누리엘 루비니 등 저명한 거시 및 금융경제학자들은 비트코인이 다단계 판매나 폰지(Ponzi) 사기 구조와 유사하다는 비판을 제기하고 있다. 1990년대 후반 시도된 가상통화 e-Cash 설계에 참여했던 스테판 브랜즈 역시 비트코인이 기본적으로 초기 참가자에게 유리하게 되어있는 피라미드 구조와 유사하다는 견해를 피력한다. 또한, 미 인디애나 대학의 에드워드 카스트로노바는 게임에서 이용되는 가상통화에서의 경험을 근거로, 이용자들은 게임 내 가상 경제에서조차도 현실 경제와 마찬가지로 약간의 인플레이션을 선호하는 경향을 보이며, 디플레이션을 기피한다는 점을 지적한다.

금융경제학의 화폐 이론 관점에서 볼 때 실제 비트코인 개발자는 화폐 및 금융 정책에 있어서 중앙은행의 통화정책 역할을 인정하지 않는 오스트리아 학파의 관점을 따르고 있다고 볼 수 있다. 폴 크루그먼을 비롯하여 비트코인에 대해 부정적인 의견을 피력하는 다수의 금융 및 거시경제학자들도 그 이유를 비트코인이 이미 현대 경제에서 유효성을 상실한 금본위제와 유사한 특성을 지니기 때문이라고 지적한다. 예일대의 로버트 쉴러는 현재까지 비트코인이 거둔 성공은 근본적으로 통화 공급 구조와 연관된 가격 불안정성에 기인하는 반면, 가격 불안정성은 가치척도로서의 통화 역할을 수행할 수 없게 만들기 때문에 현재의 형태로는 지속적으로 성공할 수 없다는 의견을 제시한다.

1. 윗글에 대한 추론으로 적절한 것을 〈보기〉에서 고른 것으로 적절한 것은?

보기

ㄱ. 높은 가치 변동성으로 인해 가치가 보장되지 않아 가치의 척도가 될 수 없다고 보는 사람은 비트코인을 화폐로 인정하지 않을 것이다.
ㄴ. 최근의 이론에 따르면 비트코인은 정부 또는 발행기관에 의해 가치가 보장되지 않으므로 통화로 간주하는 것이 적절하지 않다.
ㄷ. 디플레이션 특성으로 인해 기존 법정 통화로 환산한 비트코인의 가치가 커지는 문제가 발생할 수 있다.
ㄹ. 비트코인의 사용이 확산되더라도 비트코인의 통화가치 자체는 상승하지 않을 것이다.

① ㄱ
② ㄱ, ㄷ
③ ㄱ, ㄷ, ㄹ
④ ㄴ, ㄷ

[2] 다음 글을 읽고 물음에 답하시오.

동물의 행동을 선하다거나 악하다고 평가할 수 없는 이유는 동물이 단지 본능적 욕구에 따라 행동할 뿐이기 때문이다. 오직 인간만이 욕구와 감정에 맞서서 행동할 수 있다. 인간만이 이성을 가지고 있다. 그러나 인간이 전적으로 이성적인 존재는 아니다. 다른 동물과 마찬가지로 인간 또한 감정과 욕구를 가진 존재다. 그래서 인간은 이성과 감정의 갈등을 겪게 된다.

그러한 갈등에도 불구하고 인간이 도덕적 행위를 할 수 있는 까닭은 이성이 우리에게 도덕적인 명령을 내리기 때문이다. 도덕적 명령에 따를 때에야 비로소 우리는 의무에서 비롯된 행위를 한 것이다. 만약 어떤 행위가 심리적 성향에서 비롯된 행위일 경우, 그 행위가 의무에서 비롯된 것과 동일한 행위라 하더라도 의무에서 나온 행위라고 볼 수 없다. 이러한 행위는 도덕성과 무관하다. 불쌍한 사람을 보고 마음이 아파서 도움을 주었다면 이는 결국 심리적 성향에 따라 행동한 것이다. 이는 결국 감정과 욕구에 따른 것이기 때문에 도덕적 행위일 수가 없다는 것이다.

감정이나 욕구와 같은 심리적 성향에 따른 행위가 도덕적일 수 없는 또 다른 이유는, 그것이 상대적이기 때문이다. 감정이나 욕구는 주관적이어서 사람마다 다르며, 같은 사람이라도 상황에 따라 변하기 마련이다. 때문에 이는 시공간을 넘어 모든 인간에게 적용될 수 있는 보편적인 도덕의 원리가 될 수 없다. 감정이나 욕구가 어떠하든지 간에 이성의 명령에 따르는 것이 도덕이다. 이러한 입장이 사랑이나 연민과 같은 감정에서 나온 행위를 인정하지 않는다거나 가치가 없다고 평가하는 것은 아니다. 단지 사랑이나 연민은 도덕적 차원의 문제가 아닐 뿐이다.

2. 윗글에서 추론할 수 없는 것은?

① 동물의 행위는 도덕적 평가의 대상이 아니다.
② 감정이나 욕구는 보편적인 도덕의 원리가 될 수 없다.
③ 심리적 성향에서 비롯된 행위는 도덕적 행위일 수 없다.
④ 이성의 명령에서 비롯된 행위가 심리적 성향에서 비롯된 행위와 일치하는 경우는 없다.

[3] 다음 글을 읽고 물음에 답하시오.

　사랑에는 흔히 세 단계가 있다고 한다. 각 단계마다 감정적 변모가 다르고, 그에 따른 과학적 설명도 다르다. 인간에게는 이끌림, 빠져듦, 애착의 단계마다 다른 사랑의 분자가 관여한다.
　사랑의 첫 단계에서는 테스토스테론이라 부르는 남성호르몬과 에스트로겐이라는 여성호르몬이 관여한다. 이 두 호르몬이야말로 우리가 상대방에게 끌리게 만드는 화합물이다. 테스토스테론은 남성이 성장하면서 남자답게 보이게 만들며 에스트로겐은 여성이 아름다운 육체와 미를 지니게 만든다. 흔히 여성호르몬을 에스트로겐이라 부르지만, 실제로 에스트로겐은 에스트론, 에스트라디올, 에스트리올 등을 통틀어 부르는 명칭이다. 에스트라디올과 테스토스테론의 화학구조를 비교해 보면 그 유사성에 놀랄 것이다.
　사랑의 두 번째 단계는 상대방에게 빠져드는 단계다. 이 단계에서 우리는 흔히 사랑에 빠졌다고 한다. 상대방 생각 외에 다른 일에는 주의를 집중하는 것이 불가능해지며, 불면증에 시달리기도 하고, 심하면 식욕도 잃는다. 이런 상태는 우리 뇌에서 몇 가지 화합물의 생성이 활발히 진행되기 때문이다. 이들 화합물 군을 모노아민계라 칭하며 노르에피네프린, 세로토닌, 도파민이 이에 속한다. 노르에피네프린과 세로토닌은 흥분시키는 기능을 지니며 도파민은 행복감을 느끼게 한다. 따라서 이들을 사랑의 화합물이라 부르며, 이들은 우리 뇌에서 신경전달 물질로서 우리의 감정과 행동에 중요한 영향을 준다.
　사랑의 세 번째 단계는 애착의 단계다. 이 단계에서는 단순히 상대에 대한 매력을 넘어서 함께하는 만족감을 느끼게 한다. 이 사랑의 단계에서 두 가지 호르몬이 중요한 역할을 한다. 옥시토신과 바소프레신이 그것이다. 이들 호르몬은 아미노산 9개가 결합하고 있는 나노펩티드다. 아미노산은 다른 아미노산과 물 한 분자를 배출하는 탈수반응을 통해 결합하게 되는데, 이 결합을 펩티드 결합이라 한다. 옥시토신은 '포옹화합물'이라는 별명을 지니며 연인들 사이의 애착심을 증가시킨다. 또 여성에게는 출산 시 자궁의 수축과 모유 수유를 도와주며 모성애를 발현하도록 한다. 성적 쾌감을 느낄 때 남녀 관계없이 혈장에 옥시토신의 양이 증가한다. 옥시토신은 시상하부 뉴런에서 합성되어 후배부 뇌하수체의 축색돌기로 이동된 후 혈액으로 배출된다.
　두 번째 애착유발화합물로 바소프레신이 있다. 바소프레신은 '일부일처제화합물'이라는 별명을 지닌다. 들쥐는 철저하게 일부일처를 유지하는 동물이라 바소프레신이 사회적 행동에 미치는 영향은 주로 들쥐를 상대로 연구된다. 수컷 들쥐는 짝짓기 후에는 자기 짝 보호를 위해 다른 수컷들에게 매우 공격적으로 변하며, 자기 짝에 대한 지속적 애착을 유지한다. 이 때 짝짓기 후에 바소프레신이 뇌에서 평소보다 많이 발견되는 점을 보아, 이는 옥시토신과 함께 바소프레신이 짝 결합유지에 중요한 역할을 담당한다고 본다. 이 밖에 바소프레신은 인체 내에서 항이뇨 호르몬 기능을 지니며, 동맥혈압을 증가시키기도 한다.

3. 윗글의 내용과 부합하지 않는 것을 〈보기〉에서 고른 것으로 적절한 것은?

> **보기**
> ㄱ. 들쥐에게서는 펩티드 결합이 존재하는 호르몬이 배출된다.
> ㄴ. '포옹화합물'은 모성애 발현과 관련이 있으며, 이는 뇌하수체에서 합성된다.
> ㄷ. 사랑에 빠져 애착의 단계에 들어서면 동맥혈압이 평소보다 증가할 수도 있다.

① ㄱ　　　　　② ㄴ
③ ㄱ, ㄷ　　　④ ㄴ, ㄷ

4. 다음 진술이 모두 참일 때 '나'에 대하여 반드시 참인 것을 모두 고른 것은?

- 나는 오늘 독서를 하거나 명상을 한다.
- 만약 내가 독서를 한다면, 교양이 늘어나고 스트레스는 줄어든다.
- 만약 내가 명상을 한다면, 스트레스가 줄어들고 집중력이 좋아진다.
- 나는 오늘 집중력이 좋아지지 않았다.

ㄱ. 교양이 늘어났다.
ㄴ. 교양이 늘어나거나 스트레스가 줄어든다.
ㄷ. 스트레스가 줄어든다.

① ㄱ
② ㄱ, ㄴ
③ ㄴ, ㄷ
④ ㄱ, ㄴ, ㄷ

5. 밑줄 친 ㉠의 예로 가장 적절한 것은?

동사 중에 목적어를 필요로 하는 것을 타동사, 그렇지 않은 것을 자동사라고 한다. 하나의 동사는 타동사 또는 자동사로만 쓰이는 것이 일반적이다. 그런데 때로는 ㉠동일한 동사가 타동사와 자동사로 모두 쓰이기도 한다. 예컨대 '움직이다'의 경우 '환자가 팔을 움직였다.'에서는 타동사, '환자의 팔이 움직였다.'에서는 자동사로 쓰이고 있다.

① ┌ 그는 사람들에게 천사로 불렸다.
　└ 그는 갖은 방법으로 재산을 불렸다.

② ┌ 그는 수배 중에 경찰에게 잡혔다.
　└ 그는 자기 집도 저당으로 잡혔다.

③ ┌ 그가 접은 배가 물에 잘 떴다.
　└ 그는 집에 가기 위해 자리를 떴다.

④ ┌ 그가 부르던 노랫소리가 그쳤다.
　└ 그는 하던 일을 갑자기 그쳤다.

⑤ ┌ 그는 품행이 매우 발랐다.
　└ 그는 손에 연고만 발랐다.

MEMO

DAY 03 정답 및 해설   Week 1

DAY 03

| 1 ② | 2 ④ | 3 ② | 4 ④ | 5 ④ |

1. ②

> **문항** 명사수의 눈
> 지문에서 '반면'을 중심으로 비트코인을 화폐로 인정하는 입장과, 화폐로 보지 않는 입장이 대비되고 있음을 파악하고, 각 입장을 정리할 수 있었다면 〈보기〉에서 입장이 제시되고 있는 ㄱ, ㄴ을 판단하는 것이 용이했을 것이다.

정답 분석

② ㄱ. 5문단에서 가격 불안정성은 가치척도로서의 통화 역할 수행을 불가능하게 하므로 비트코인의 지속적인 성공은 불가능하다는 의견이 비트코인에 부정적인 학자에 의해 제시되고 있다는 점에서 적절하다고 판단할 수 있다.
ㄷ. 3문단에서 디플레이션은 비트코인의 통화가치가 상승하는 현상이라고 제시되고 있으므로 적절하다고 판단할 수 있다.

오답 분석

ㄴ. 1문단에서 최근 다수의 화폐 이론은 국가에 의한 법정 통화 지정 여부가 통화로서의 통용 여부에 필요조건이라고 볼 수 없다고 주장한다면서, 따라서 비트코인을 통화로 간주하는 것이 타당하다고 볼 수 있다고 제시되고 있으므로 적절하다고 볼 수 없다.
ㄹ. 3문단에서 비트코인의 사용이 확산될수록 초기 사용자는 비트코인의 가치 상승에 따라 더 큰 이익을 얻을 수 있게 된다고 제시되고 있으므로 적절하다고 볼 수 없다.

2. ④

정답 분석

④ 2문단에 따르면, 이성의 명령에 따른 행위가 심리적 성향에서 비롯된 행위와 일치할 가능성은 존재한다. 다만, 어떤 행위가 심리적 성향에서 비롯된 행위라면 이를 도덕적 행위라고 볼 수 없을 뿐이다.

오답 분석

① 1문단에 따르면, 동물의 행동을 선하거나 악하다고 평가할 수는 없는데, 그 이유는 동물이 단지 본능적 욕구에 따라 행동할 뿐이기 때문이다.
② 3문단에 따르면, 감정이나 욕구는 주관적이어서 사람마다 다르며, 같은 사람이라도 상황에 따라 변하기 마련이므로 시공간을 넘어 모든 인간에게 적용될 수 있는 보편적인 도덕의 원리가 될 수 없다.
③ 2문단에 따르면, 만약 어떤 행위가 심리적 성향에서 비롯된 행위일 경우, 그 행위가 의무에서 비롯된 것과 동일한 행위라 하더라도 의무에서 나온 행위라고 볼 수 없다. 따라서 이러한 행위는 도덕성과 무관하다.

3. ②

> **문항 명사수의 눈**
> A는 B라고도 불린다는 내용은 동어 처리의 직접적인 근거가 되므로, 필히 체크해 둘 수 있도록 하자. ㄴ 선지에서 이와 같은 내용이 활용되고 있다.
> 이 지문과 같이, 단계를 나누는 지문에서는 단계별 내용을 분절적으로 파악하는 것이 바람직하다. 각 단계의 내용은 단계 안에서 서로 연결성을 지니므로, ㄷ과 같이 거리가 있는 정보를 한 선지로 구성할 수 있다.

정답 분석
② ㄴ. 4문단에 따르면 '포옹화합물'은 옥시토신의 별명이다. 동 문단에 따르면 옥시토신은 시상하부 뉴런에서 합성된 뒤, 뇌하수체의 축색돌기로 이동되는 것일 뿐이므로 뇌하수체에서 합성된다는 ㄴ 선지는 적절하지 않다고 판단할 수 있다.

오답 분석
ㄱ. 4문단에 따르면 애착의 단계에서 중요한 역할을 하는 옥시토신과 바소프레신은 펩티드 결합으로 9개의 아미노산이 결합해 만들어진 나노펩티드이다. 5문단에서 들쥐는 바소프레신이 사회적 행동에 미치는 영향을 연구할 때 쓰이는 동물로, 짝짓기 후에 들쥐에서 바소프레신이 평소보다 많이 발견되는 것을 발견했다고 제시되고 있으므로 적절하다고 판단할 수 있다.

ㄷ. 5문단에 따르면 애착의 단계에서 중요한 역할을 하는 것은 옥시토신과 바소프레신이라는 두 가지 호르몬이다. 동 문단에 따르면 이 중 바소프레신은 동맥혈압을 증가시키기도 하므로 적절하다고 판단할 수 있다.

4. ④

정답 분석
④ 세 번째 진술 '만약 내가 명상을 한다면, 스트레스가 줄어들고 집중력이 좋아진다.'와 네 번째 진술 '나는 오늘 집중력이 좋아지지 않았다.'를 결합하면, '나는 명상을 하지 않았다.'라는 결론을 얻을 수 있다. 이를 다시 첫 번째 진술 '나는 오늘 독서를 하거나 명상을 한다.'와 결합하면 '나는 오늘 독서를 했다.'라는 결론을 얻을 수 있다.(선언지 제거) 두 번째 진술에 따르면 '만약 내가 독서를 한다면, 교양이 늘어나고 스트레스가 줄어든다.' 그러므로, '교양이 늘어나고 스트레스가 줄어든다.'(전건 긍정 규칙), 그러므로 ㄱ, ㄷ은 참이다. 아울러, 교양이 생기고 동시에 스트레스도 줄어들기 때문에, '교양이 늘어나거나 스트레스가 줄어든다.'라는 명제는 참이다. 'A ∨ B(A or B)'는 A가 참이거나, B가 참이거나 A와 B가 모두 참이면 참인 것인데, A와 B가 모두 참인 케이스이므로, A or B 역시 참인 것이다. 단, A or B가 참이라고 하여 A and B가 참인 것은 아니다.

5. ④

정답 분석
④ '그가 부르던 노랫소리가 그쳤다.'에서 '그쳤다'는 '계속되던 일이나 움직임이 멈추거나 끝나다. (또는 그렇게 하다.)'의 뜻을 지닌 단어로, 목적어를 필요로 하지 않는 자동사이다. '그는 하던 일을 갑자기 그쳤다.'에서 '그쳤다' 역시 '계속되던 일이나 움직임이 멈추거나 끝나다. (또는 그렇게 하다.)'의 뜻을 지닌 단어로, 목적어 '하던 일을'을 필요로 하는 타동사이다.

오답 분석
① '그는 사람들에게 천사로 불렸다.'에서 '불렸다'는 '무엇이라고 가리켜 말해지거나 이름이 붙여지다.'의 뜻을 지닌 단어로, 목적어를 필요로 하지 않는다. '그는 갖은 방법으로 재산을 불렸다.'에서 '불렸다'는 목적어 '재산을'을 필요로 하지만, 이는 '분량이나 수효를 많아지게 하다.'라는 뜻을 지닌 별개의 동음이의어이다.

② '그는 수배 중에 경찰에게 잡혔다.'에서 '잡혔다'는 '붙들리다.'의 뜻을 지닌 단어로, 목적어를 필요로 하지 않는다. '그는 자기 집도 저당으로 잡혔다.'에서 '잡혔다'는 목적어 '집도'를 필요로 하지만, 이는 '담보로 맡기다.'라는 뜻을 지닌 단어이다.

③ '그가 접은 배가 물에 잘 떴다.'에서 '떴다'는 '물속이나 지면 따위에서 가라앉거나 내려앉지 않고 물 위나 공중에 있거나 위쪽으로 솟아오르다.'의 뜻을 지닌 단어로, 목적어를 필요로 하지 않는다. '그는 집에 가기 위해 자리를 떴다.'에서 '떴다'는 목적어 '자리를'을 필요로 하지만, 이는 '다른 곳으로 가기 위하여 있던 곳에서 다른 곳에서 떠나다.'라는 뜻을 지닌 단어이다.

⑤ '그는 품행이 매우 발랐다.'에서 '바르다'는 '말이나 행동 따위가 사회적인 규범이나 사회적인 규범이나 사리에 어긋나지 아니하고 들어맞다.'의 뜻을 지닌 단어로, 목적어를 필요로 하지 않는다. '그는 손에 연고만 발랐다.'에서 '발랐다'는 목적어 '연고만'을 필요로 하지만, 이는 '물이나 풀, 약, 화장품 따위를 물체의 표면에 문질러 묻히다.'의 뜻을 지닌 단어이다.

DAY 04

[1] 다음 글을 읽고 물음에 답하시오.

사람은 사진이나 영상만 보고도 어떤 사물의 이미지인지 아주 쉽게 분별하지만 컴퓨터는 매우 복잡한 과정을 거쳐야만 분별할 수 있다. 이를 해결하기 위해 컴퓨터가 스스로 학습하면서 패턴을 찾아내 분류하는 기술적 방식인 '기계학습'이 고안됐다. 기계학습을 통해 컴퓨터가 입력되는 수많은 데이터 중에서 비슷한 것들끼리 분류할 수 있도록 학습시킨다. 데이터 분류 방식을 컴퓨터에게 학습시키기 위해 많은 기계학습 알고리즘이 개발되었다.

기계학습 알고리즘은 컴퓨터에서 사용되는 사물 분별 방식에 기반하고 있는데, 이러한 사물 분별 방식은 크게 '지도 학습'과 '자율 학습' 두 가지로 나뉜다. 초기의 기계학습 알고리즘들은 대부분 지도 학습에 기초하고 있다. 지도 학습 방식에서는 컴퓨터에 먼저 '이런 이미지가 고양이야'라고 학습시키면, 컴퓨터는 학습된 결과를 바탕으로 고양이 사진을 분별하게 된다. 따라서 사전 학습 데이터가 반드시 제공되어야 한다. 사전 학습 데이터가 적으면 오류가 커지므로 데이터의 양도 충분해야만 한다. 반면 지도 학습 방식보다 진일보한 방식인 자율 학습에서는 이 과정이 생략된다. '이런 이미지가 고양이야'라고 학습시키지 않아도 컴퓨터는 자율적으로 '이런 이미지가 고양이군'이라고 학습하게 된다. 이러한 자율 학습 방식을 응용하여 '심화신경망' 알고리즘을 활용한 기계학습 분야를 '딥러닝'이라고 일컫는다.

그러나 딥러닝 작업은 고도의 연산 능력이 요구되기 때문에, 웬만한 컴퓨팅 능력으로는 이를 시도하기 쉽지 않았다. A 교수가 1989년에 필기체 인식을 위해 심화신경망 알고리즘을 도입했을 때 연산에만 3일이 걸렸다는 사실은 잘 알려져 있다. 하지만 고성능 CPU가 등장하면서 연산을 위한 시간의 문제는 자연스럽게 해소되었다. 딥러닝 기술의 활용 범위는 RBM과 드롭아웃이라는 새로운 알고리즘이 개발된 후에야 비로소 넓어졌다.

1. 윗글에서 알 수 있는 것만을 〈보기〉에서 모두 고르면?

― 보기 ―
ㄱ. 지도 학습 방식을 사용하여 컴퓨터가 사물을 분별하기 위해서는 사전 학습 데이터가 주어져야 한다.
ㄴ. 자율 학습은 지도 학습보다 학습의 단계가 단축되었기에 낮은 연산 능력으로도 수행 가능하다.
ㄷ. 딥러닝 기술의 활용 범위는 새로운 알고리즘 개발보다는 고성능 CPU 등장 때문에 넓어졌다.

① ㄱ
② ㄷ
③ ㄱ, ㄴ
④ ㄴ, ㄷ

[2] 다음 글을 읽고 물음에 답하시오.

A효과란 기업이 시장에 최초로 진입하여 무형 및 유형의 이익을 얻는 것을 의미한다. 반면 뒤늦게 뛰어든 기업이 앞서 진출한 기업의 투자를 징검다리로 이용하여 성공적으로 시장에 안착하는 것을 B효과라고 한다. 물론 B효과는 후발진입기업이 최초진입기업과 동등한 수준의 기술 및 제품을 보다 낮은 비용으로 개발할 수 있을 때만 가능하다.

생산량이 증가할수록 평균생산비용이 감소하는 규모의 경제 효과 측면에서, 후발진입기업에 비해 최초진입기업이 유리하다. 즉, 대량 생산, 인프라 구축 등에서 우위를 조기에 확보하여 효율성 증대와 생산성 향상을 꾀할 수 있다. 반면 후발진입기업 역시 연구개발 투자 측면에서 최초진입기업에 비해 상대적으로 유리한 면이 있다. 후발진입기업의 모방 비용은 최초진입기업이 신제품 개발에 투자한 비용 대비 65% 수준이기 때문이다. 최초진입기업의 경우, 규모의 경제 효과를 얼마나 단기간에 이룰 수 있는가가 성공의 필수 요건이 된다. 후발진입기업의 경우, 절감된 비용을 마케팅 등에 효과적으로 투자하여 최초진입기업의 시장 점유율을 단기간에 빼앗아 오는 것이 성공의 핵심 조건이다.

규모의 경제 달성으로 인한 비용상의 이점 이외에도 최초진입기업이 누릴 수 있는 강점은 강력한 진입 장벽을 구축할 수 있다는 것이다. 시장에 최초로 진입했기에 소비자에게 우선적으로 인식된다. 그로 인해 후발진입기업에 비해 적어도 인지도 측면에서는 월등한 우위를 확보한다. 또한 기술적 우위를 확보하여 라이센스, 특허 전략 등을 통해 후발진입기업의 시장 진입을 방해하기도 한다. 뿐만 아니라 소비자들이 후발진입기업의 브랜드로 전환하려고 할 때 발생하는 노력, 비용, 심리적 위험 등을 마케팅에 활용하여 후발진입기업이 시장에 진입하기 어렵게 할 수도 있다. 결국 A효과를 극대화할 수 있는지는 규모의 경제 달성 이외에도 얼마나 오랫동안 후발주자가 진입하지 못하도록 할 수 있는가에 달려 있다.

2. 윗글에서 알 수 없는 것은?

① 최초진입기업은 후발진입기업에 비해 매년 더 많은 마케팅 비용을 사용한다.
② 후발진입기업의 모방 비용은 최초진입기업이 신제품 개발에 투자한 비용보다 적다.
③ 최초진입기업이 후발진입기업에 비해 인지도 측면에서 우위에 있다는 것은 A효과에 해당한다.
④ 후발진입기업이 성공하려면 절감된 비용을 효과적으로 투자하여 최초진입기업의 시장점유율을 단기간에 빼앗아 와야 한다.

[3] 다음 글을 읽고 물음에 답하시오.

현대의 과학사가들과 과학사회학자들은 지금 우리가 당연시하는 과학과 비과학의 범주가 오랜 시간에 걸쳐 구성된 범주임을 강조하면서 과학자와 대중이라는 범주의 형성에 연구의 시각을 맞출 것을 주장한다. 특히 과학 지식에 대한 구성주의자들은 과학과 비과학의 경계, 과학자와 대중의 경계 자체가 처음부터 고정된 경계가 아니라 오랜 역사적 투쟁을 통해서 만들어진 문화적 경계라는 점을 강조한다.

과학자와 대중을 가르는 가장 중요한 기준은 문화적 능력이라고 할 수 있는데 이것은 과학자가 대중과 구별되는 인지 능력이나 조작 기술을 가지고 있다는 것을 의미한다. 부르디외의 표현을 빌자면, 과학자들은 대중이 결여한 '문화 자본'을 소유하고 있다는 것이다. 이러한 문화 자본 때문에 과학자들과 대중 사이에 불연속성이 생겨난다. 여기서 중요한 것은 이러한 불연속성의 형태와 정도이다.

예를 들어 수리물리학, 광학, 천문학 등의 분야는 대중과 유리된 불연속성의 정도가 상대적으로 컸다. 고대부터 16세기 코페르니쿠스에 이르는 천문학자들이나 17세기 과학혁명 당시의 수리물리학자들은 그들의 연구가 보통의 교육을 받은 사람들을 대상으로 한 것이 아니고, 그들과 같은 작업을 하고 전문성을 공유하고 있던 사람들만을 위한 것이라는 점을 분명히 했다. 갈릴레오에 따르면 자연이라는 책은 수학의 언어로 쓰여 있으며 따라서 이 언어를 익힌 사람만이 자연의 책을 읽어낼 수 있다. 반면 유전학이나 지질학 등은 20세기 중반 전까지 대중 영역과 일정 정도의 연속성을 가지고 있었으며 거기서 영향을 받았던 것이 사실이다. 특히 20세기 초 유전학은 멘델 유전학의 재발견을 통해 눈부시게 발전할 수 있었는데 이러한 발전은 실제로 오랫동안 동식물을 교배하고 품종개량을 해왔던 육종가들의 기여 없이는 불가능했다.

3. 윗글에서 추론할 수 있는 것으로 적절한 것은?

① 과학과 비과학의 경계는 존재하지 않는다.
② 과학자들은 과학혁명 시기에 처음 '문화 자본'을 획득했다.
③ 과학과 비과학을 가르는 보편적 기준은 수학 언어의 유무이다.
④ 과학자와 대중의 불연속성은 동일한 정도로 나타나지 않는다.

4. 다음 진술이 모두 참일 때 '나'에 대하여 반드시 참인 것은?

- 나는 오늘 커피를 마시거나 녹차를 마신다.
- 만약 내가 커피를 마신다면, 집중력이 좋아지거나 숙면을 취하지 못하게 된다.
- 나는 녹차를 마시지 않았다.
- 나는 숙면을 취했다.

① 나는 집중력이 좋아졌다.
② 커피를 마시면 숙면을 취하지 못하게 된다.
③ 집중력이 좋아지면 커피를 마신다.
④ 녹차를 마시면 숙면을 취하게 된다.

5. 〈보기 1〉을 바탕으로 〈보기 2〉의 ㉠~㉤에 대해 이해한 내용으로 적절하지 않은 것은?

보기 1

　보조 용언도 하나의 단어이므로 띄어 쓰는 것이 원칙이나 경우에 따라서는 붙여 쓰는 것도 허용한다. 다만 본용언에 조사가 붙거나 본용언이 합성 용언인 경우, 본용언이 파생어인 경우는 그 뒤에 오는 보조 용언은 붙여 쓰지 않는다. 그런데 본용언이 합성어나 파생어라도 그 활용형이 2음절인 경우에는 본용언과 보조 용언을 붙여 쓰는 것도 허용한다. 그리고 본용언 뒤에 보조 용언이 거듭 나타나는 경우는 앞의 보조 용언만을 본용언에 붙여 쓸 수 있다.

보기 2

- 그가 이 자리를 ㉠ 빛내 준다.
- 오늘 일은 일기에 ㉡ 적어 둘 만하다.
- 나는 어제 그 책을 ㉢ 읽어는 보았다.
- 아마도 이런 기회는 ㉣ 다시없을 듯하다.
- 이번에는 제발 열심히 ㉤ 공부해 보아라.

① ㉠은 본용언이 합성어이지만 활용형이 2음절인 경우이므로 '빛내'와 '준다'를 붙여 쓸 수 있다.
② ㉡은 본용언 뒤에 보조 용언이 거듭 나타나는 경우이므로 '둘'과 '만하다'를 붙여 쓸 수 있다.
③ ㉢은 본용언에 조사가 붙은 경우이므로 '읽어는'과 '보았다'를 붙여 쓰지 않는다.
④ ㉣은 본용언이 합성 용언인 경우이므로 '다시없을'과 '듯하다'를 붙여 쓰지 않는다.
⑤ ㉤은 본용언이 파생어인 경우이므로 '공부해'와 '보아라'를 붙여 쓰지 않는다.

DAY 04 정답 및 해설

Week 1

DAY 04

| 1 | ① | 2 | ① | 3 | ④ | 4 | ① | 5 | ② |

1. ①

정답 분석

① ㄱ. 2문단에 따르면, 지도 학습 방식에서는 사전 학습 데이터가 반드시 제공되어야 한다.

오답 분석

ㄴ. 3문단에 따르면, 딥러닝 작업은 고도의 연산 능력이 요구되는 기계 학습 분야이며, 이는 2문단에서 자율 학습 방식을 응용하여 심화신경망 알고리즘을 활용한 것이라고 설명된다. 지문에서 자율 학습 혹은 지도 학습에 필요한 연산 능력과 관련 있는 정보는 이것이 전부이며, 따라서 지도 학습에 비해 자율 학습이 '낮은 연산 능력'으로도 수행 가능하다고 이야기할 수는 없다.

ㄷ. 3문단에 따르면, 딥러닝 기술의 활용 범위는 RBM과 드롭아웃이라는 새로운 알고리즘이 개발된 후에야 비로소 넓어졌다.

2. ①

정답 분석

① 2문단에 따르면, 후발진입기업은 절감된 비용을 마케팅에 효과적으로 투자할 필요가 있고, 3문단에 따르면, 최초진입기업은 소비자들이 후발진입기업의 브랜드로 전환하려고 할 때 발생하는 노력, 비용, 심리적 위험 등을 마케팅에 활용하여 후발진입기업의 시장 진입을 어렵게 할 수 있다. 그러나 이 정보만을 바탕으로 최초진입기업과 후발진입기업 중 더 많은 마케팅 비용을 사용하는 기업을 특정할 수 없다.

오답 분석

② 2문단에 따르면, 후발진입기업의 모방 비용은 최초진입기업이 신제품 개발에 투자한 비용 대비 65% 수준이다.

③ 3문단에 따르면, 최초진입기업은 후발진입기업에 비해 적어도 인지도 측면에서 월등한 우위를 확보하는데, 이는 시장에 최초로 진입하여 얻은 무형의 이익에 해당하므로 A효과에 해당한다.

④ 2문단에 따르면, 후발진입기업의 경우 성공의 핵심 요건은 절감된 비용을 마케팅 등에 효과적으로 투자하여 최초진입기업의 시장 점유율을 단기간에 빼앗아 오는 것이다.

국어 치열하게 독하게

3. ④

문항 명사수의 눈

1문단에서 '과학과 비과학의 범주가 오랜 시간에 걸쳐 구성된 범주임을 강조하면서', '과학자와 대중이라는 범주의 형성에 연구의 시각을 맞출 것을 주장한다.'라고 제시된 연결에 주목할 수 있었다면 선지 판단 시 '과학자와 대중'의 불연속성을 선지의 '과학과 비과학'으로 연결해 처리할 수 있었을 것이다.

정답 분석

④ 3문단에 따르면 수리물리학, 광학, 천문학 등의 분야는 고대부터 대중과의 불연속성의 정도가 상대적으로 컸던 반면, 유전학이나 지질학은 20세기 중반 전까지 일정 정도의 연속성을 가지고 있었으므로 적절하다고 판단할 수 있다.

오답 분석

① 1문단에 따르면 현대의 과학사가들과 과학사회학자들은 경계가 '고정된 경계'가 아니라 '만들어진 문화적 경계라는 점을 강조'할 뿐, 경계의 존재 자체를 부정하지는 않으므로 적절하다고 볼 수 없다.

② 2문단에 따르면 '문화 자본'은 '대중과 구별되는 인지 능력'으로, '과학자들과 대중 사이에 불연속성이 생겨'나는 까닭이다. 수리물리학, 광학, 천문학 등의 분야의 경우 고대부터 이미 불연속성이 있었으므로 적절하다고 보기 어렵다.

③ 1문단에 따르면 현대의 과학사가들과 과학사회학자들은 과학과 비과학의 범주는 오랜 시간에 걸쳐 구성된 범주라며, 과학자와 대중이라는 범주의 형성에 연구의 시각을 맞출 것을 요구하고 있고, 이들에 따르면 과학자와 대중을 가르는 가장 중요한 기준은 '문화 자본'이므로 적절하다고 보기 어렵다. 수학 언어를 쓰는 수리물리학 등의 과학은 상대적으로 크게 대중과 유리되었을 뿐이다.

4. ①

정답 분석

① 첫 번째 진술 "나는 오늘 커피를 마시거나 녹차를 마신다."와 세 번째 진술 "나는 녹차를 마시지 않았다."를 결합하여, → "나는 커피를 마셨다."라는 결론을 얻을 수 있다.(선언지 제거) 아울러, 두 번째 진술 "만약 내가 커피를 마신다면, 집중력이 좋아지거나 숙면을 취하지 못하게 된다."와 첫 번째 과정의 결과 "나는 커피를 마셨다."를 결합하면, "집중력이 좋아지거나 숙면을 취하지 못하게 된다."라는 결론을 얻을 수 있다.(전건 긍정) 그런데 숙면을 취했으므로, 집중력이 좋아졌다.(선언지 제거)

오답 분석

② 두 번째 진술에 따르면 커피를 마시면 숙면을 취하지 못하게 되거나, 집중력이 좋아지지만 반드시 숙면을 취하지 못하게 된다고 단정할 수 있는 것은 아니다. 집중력이 좋아지기만 하더라도 해당 진술은 참이 되는 것이기 때문이다.

③ 나는 커피를 마셨다.(선언지 제거) 그리고 집중력이 좋아졌다.(정답 분석 참조) 하지만 그 역으로 집중력이 좋아지면 커피를 마시는 것이 그로 인해 도출되지는 않는다.

④ 주어진 진술에서는 "만약 내가 커피를 마신다면, 집중력이 좋아지거나 숙면을 취하지 못하게 된다."라고만 하였다. 커피가 아닌 녹차를 마신다고 해서 숙면을 취할 수 있다는 것이 반드시 참이라는 근거는 없다.

5. ②

정답 분석

② ⓒ은 본용언 뒤에 보조 용언이 거듭 나타나는 경우이다. 〈보기 1〉에 따르면 이 경우에는 앞의 보조 용언만을 본용언에 붙여 쓸 수 있다고 했으므로 '적어둘 만하다'로 쓸 수 있지만 '둘'과 '만하다'를 붙여 쓸 수는 없다.

오답 분석

① ㉠은 본용언 '빛내'가 합성어이지만 활용형이 2음절인 경우이므로, 보조 용언을 붙여 쓸 수 있다.

③ ⓒ은 본용언에 보조사 '는'이 결합한 경우이다. 〈보기 1〉에 따르면 본용언에 조사가 붙으면 뒤에 오는 보조 용언은 붙이지 않는다고 했으므로 선지의 서술은 적절하다.

④ ㉣은 본용언 '다시없을'이 합성 용언이므로 보조 용언과 붙여 쓰지 않는다.

⑤ ㉤은 본용언이 파생어인 경우이므로, 보조 용언과 붙여 쓰지 않는다.

[1] 다음 글을 읽고 물음에 답하시오.

> 종자와 농약을 생산하는 대기업들은 자신들이 유전자 기술로 조작한 종자가 농약을 현저히 적게 사용해도 되기 때문에 농부들이 더 많은 이윤을 낼 수 있다고 주장하였다. 그러나 미국에서 유전자 변형 작물을 재배한 16년(1996년~2011년) 동안의 농약 사용량을 살펴보면, 이 주장은 사실이 아님을 알 수 있다.
>
> 유전자 변형 작물은 해충에 훨씬 더 잘 견디는 장점이 있다. 유전자 변형 작물이 해충을 막기 위해 자체적으로 독소를 만들어내기 때문이다. 독소를 함유한 유전자 변형 작물을 재배함으로써 일반 작물 재배와 비교하여 16년 동안 살충제 소비를 약 56,000톤 줄일 수 있었다. 그런데 제초제의 경우는 달랐다. 처음 4~5년 동안에는 제초제의 사용이 감소하였다. 그렇지만 전체 재배 기간을 고려하면 일반 작물 재배와 비교할 때 약 239,000톤이 더 소비되었다. 늘어난 제초제의 양에서 줄어든 살충제의 양을 빼면 일반 작물 재배와 비교하여 농약 사용이 재배 기간 16년 동안 183,000톤 증가했다.
>
> M사의 제초제인 글리포세이트에 내성을 가진 유전자 변형 작물을 재배하기 시작한 농부들은 그 제초제를 매년 반복해서 사용했다. 이로 인해 그 지역에서는 글리포세이트에 대해 내성을 가진 잡초가 생겨났다. 이와 같이 제초제에 내성을 가진 잡초를 슈퍼잡초라고 부른다. 유전자 변형 작물을 재배하는 농지는 대부분 이러한 슈퍼잡초로 인해 어려움을 겪게 되었다. 슈퍼잡초를 제거하기 위해서는 제초제를 더 자주 사용하거나 여러 제초제를 섞어서 사용하거나 아니면 새로 개발된 제초제를 사용해야 한다. 이로 인해 농부들은 더 많은 비용을 지불할 수밖에 없었다.

1. 윗글에서 추론할 수 있는 것은?

① 유전자 변형 작물을 재배하는 지역에서는 모든 종류의 농약 사용이 증가했다.
② 유전자 변형 작물을 도입한 해부터 그 작물을 재배하는 지역에 슈퍼잡초가 나타났다.
③ 유전자 변형 작물을 도입한 후 일반 작물 재배의 경우에도 살충제의 사용이 증가했다.
④ 유전자 변형 작물 재배로 슈퍼잡초가 발생한 지역에서는 작물 생산 비용이 증가했다.

[2] 다음 글을 읽고 물음에 답하시오.

스튜어트 홀의 근대국가에 대한 개념 정의에 따르자면, "권력은 분할되어야 하고, 정부에의 참여권이 법적으로 규정되어야 하며, 대표성은 광범해야 하고, 국가권력은 세속적이어야" 한다. 이런 개념 규정에 의거하자면, 근대 국가에서 여성은 제대로 시민권을 부여받지 못한 셈이다. 여성에게는 참정권을 포함한 제반 정치적, 법적 권리가 제대로 허용되지 않았고, 여성의 재생산과 몸에 관한 권리, 여성의 성은 국가의 이해관계에 따라 통제되었다. 또 여성의 노동력은 국가에 의해 차별적으로 이용되었다. 공적 영역과 사적 영역의 분리를 통해 공적 영역에서 여성을 배제하는 기제는 여성을 국가의 이등시민으로 만드는 결정적인 역할을 했고, 그런 점에서 근대국가는 성차별적이었다.

그러나 대다수의 유럽 국가에서 그리고 유럽 이외의 지역에서 여성운동은 늘 국가적 과제에 의해 선점되었다. 여성의 무조국성을 설파하거나 국제주의를 표방하였음에도 불구하고 여성운동은 그들이 처한 특유의 사회적, 정치적 맥락 속에서 그 구체적인 경로가 결정되었다. 물론 페미니즘 언론과 조직화된 단체 활동을 통해 여성은 국가와의 관계를 재규정하고자 하였다. 이런 여성의 저항은 일정 부분에서 성과를 거두기도 했으나, 종국에는 자본의 이해관계, 시민사회의 통제, 사회주의 정당과 노동운동의 영향력 정도, 그리고 그 안에서의 여성의 상대적 역량에 따라 여성의 지위가 결정되었다. 이 과정에서 페미니즘 내부에 상존했던 견해차, 즉 평등주의적 이념을 지지하는 집단과 영원한 여성적인 것이 존재한다는 주장을 지지하는 집단 사이의 분열은 여성운동의 영향력을 반감시켰다. 이는 모성보호나 여성노동 혹은 가사노동과 같은 여성과 관련된 주요 사안에서 여성을 '시민'으로 혹은 '아내와 어머니'로 보느냐에 따라 상반된 결론을 내렸기 때문이다.

그렇더라도 서양의 근대국가에서 여성의 지위는 지속적으로 향상되었다. 이는 여성운동의 지속적인 투쟁, 실질적 민주주의의 확대, 보다 양질의 노동력을 필요로 하는 자본의 이해관계 그리고 사회주의 운동의 잠재적 영향력 확대를 통한 복잡한 상호관계를 거치는 과정의 산물이었다. 한편 20세기로의 전환기에 현대사가 시작되면서 새로이 나타난 복지국가 혹은 사회국가 모델은 여성과 국가의 관계를 한 단계 발전시키는 계기가 되었다. 사적인 영역에서 이루어지는, 전형적인 여성영역으로 간주되던 재생산 부분이 공공영역으로 바뀌면서 여성의 노동시장 참여는 확대되었다. 이제 여성의 생활에서 중대한 변화가 일어났고, 여성은 정치적 권력을 가진 시민, 복지서비스의 수혜자 및 소비자, 그리고 국가 부문의 고용인으로서 삼중지위를 누리게 되었다. 이는 재생산의 담당자이자 노동력 제공자인 여성 존재의 필요성을 국가가 인정했기 때문이었다.

2. 윗글의 내용과 부합하는 것은?

① 근대국가에서 여성 지위의 점진적인 향상은 권력의 상호 견제 원칙이 적용된 결과이다.
② 여성운동은 국제적 연대를 통해서 여성의 노동시장 참여를 가시화시키고 확대할 수 있었다.
③ 근대국가는 성에 따른 활동 영역의 분리로 산업화에 따른 노동 시장의 필요를 충족시켰다.
④ 복지국가 모델에서 나타나는 여성의 삼중적 지위의 성취는 페미니즘 운동만이 아닌 여러 요소가 복합적으로 작용한 결과이다.

[3] 다음 글을 읽고 물음에 답하시오.

학교는 차이를 만드는가? 학교 또는 학교교육이 학생들의 성취에 어떠한 영향을 미치는가를 다루는 '학교 효과(school effect)' 연구는 교육사회학의 오래된 연구주제이다. 미국의 학교와 학생들을 대상으로 콜만(J. S. Coleman)과 동료 연구진들에 의하여 수행된 연구 「Equality of Educational Opportunity」(1966)는 학업성취에 미치는 학교 효과에 관한 체계적 연구의 시발이 되었다. 콜만 등은 주로 소수민족의 자녀가 다니는 학교들이 얼마나 불평등한 조건들을 갖고 있는지를 확인하려고 하였다. 그리고 이와 같은 불평등한 조건들이 교육기회의 평등에 위배되며, 불평등한 학교자원이 노동계층 아동들로 하여금 중류계층 아동들에 비해 효과적으로 학습할 수 없게 만드는가를 드러내 보이기 위한 연구를 하였다. 이들은 4,000개 학교의 625,000명의 학생들을 대상으로 학업성취에 영향을 미치는 100여 개의 변인들을 분석하였다.

이 연구의 결과는 교육사회에 커다란 논쟁을 불러 일으켰다. 이 보고서가 논쟁의 핵으로 등장하게 된 이유는 다음과 같다. 즉, 연구의 가설이었던 학교시설과 교사봉급 등 교육투자경비의 불평등이 학생의 학업성취에 미치는 효과(학교 효과)는 오히려 매우 미약하고, 그 대신 학생의 가정배경과 동료집단의 영향이 크다는 것이다. 그 중에서도 학생의 가정배경의 영향이 더 크다고 보고하고 있다. 학업성취의 차이는 '학교 간', 즉 학교 특성에 기인한 것이 아니라, 학교 내의 '학생들 간'의 차이에 있다는 주장을 펼치는 것이다. 오히려 학교는 우리가 기대하는 것보다 극히 미미한 영향을 미친다는 것이다. 다시 말해 콜만 보고서의 결론은 "학교는 가정배경과 독립해서는 별다른 영향을 미치지 못한다."는 것이었으며, 학교 효과는 기껏해야 약 10% 정도의 영향만을 미침으로써 학교는 별 문제가 아니고, 오히려 학생들의 가정배경이 중요하다는 것이다.

그리하여 1970년대에는 사회계층과 교육 사이의 관련성 논의에서 사회구조 그 자체를 비판하는 논의가 전개되었다. 노동계층 자녀들은 교육에 의하여 그 계층의 특성을 '학습'하게 되고 학교가 노동시장에 필요한 능력을 길러주고 있으며 현존하는 사회의 불평등을 그대로 영속화시키는 역할을 하고 있다는 내용이 여러 후속 연구들에 의해 지지되어 왔다.

3. 윗글을 읽고 추론할 수 있는 내용으로 가장 적절한 것은?

① 학업성취도에 영향을 미치는 요인 가운데 학교의 영향력이 가정배경의 영향력보다 크다.
② 학교가 학업성취도에 영향을 미치는 효과가 없기 때문에 학교의 존재가치가 부정되어야 한다.
③ 명문학교 진학을 위하여 이사를 가는 것은 학업성취도 향상에 큰 도움이 된다.
④ 학업성취도에 미치는 가정 배경의 영향력을 통제하기 위하여 사회구조의 개선이 필요하다.

4. 다음 진술이 모두 참일 때 '나'에 대하여 반드시 참인 것이 아닌 것은?

- 나는 관악기를 하거나 현악기를 하거나 타악기를 했다.
- 만약 내가 관악기를 한다면, 폐활량이 좋아지고 집중력이 좋아진다.
- 만약 내가 타악기를 한다면, 스트레스가 줄어들거나 박자감이 향상된다.
- 나는 현악기를 하지 않았다.
- 나는 집중력이 향상되지 않았다.
- 나는 스트레스가 줄어들지 않았다.

① 나는 타악기를 했다.
② 나는 박자감이 향상되었다.
③ 나는 관악기를 하지 않았다.
④ 나는 폐활량이 좋아졌다.

5. 〈보기〉의 특성을 가진 단어가 사용된 문장만으로 짝지은 것은?

보기

가. 선행 용언과 연결되어 그 뜻을 보충한다.
나. 선행 용언의 어미는 대체로 '-아/어, -게, -지, -고'로 한정되나 '-ㄴ/은가, -ㄹ/을까, -(으)면' 등이 오기도 한다.

① ┌ 밖의 날씨가 매우 더운가 보다.
　└ 이 부분을 소리 내어 읽어 보렴.

② ┌ 공을 차다 장독을 깨 먹었다.
　└ 여름철에는 음식물을 잘 익혀 먹자.

③ ┌ 막내 동생이 참 예쁘게 생겼다.
　└ 한겨울에 길바닥에 나앉게 생겼구나.

④ ┌ 이것 말고 저것을 주시오.
　└ 최선을 다해서 좋은 성적을 얻고 말겠다.

⑤ ┌ 이것 좀 너희 아버지께 가져다 드리렴.
　└ 나는 주말마다 어머니 일을 거들어 드린다.

DAY 05 정답 및 해설   Week 1

DAY 05

| 1 ④ | 2 ④ | 3 ④ | 4 ④ | 5 ① |

1. ④

정답 분석

④ 3문단에 따르면, 슈퍼잡초를 제거하기 위해서는 농부들이 더 많은 비용을 지불할 수밖에 없었다.

오답 분석

① 2문단에 따르면, 유전자 변형 작물을 재배하는 지역에서 살충제 소비는 줄어들었으므로, 모든 종류의 농약 사용이 증가했다고 볼 수는 없다.
② 2문단에서 제시되는, 처음 4~5년간의 제초제 사용 감소라는 정보를 바탕으로, 이 기간 동안에는 슈퍼잡초가 발생하지 않았을 것임은 짐작해 볼 수 있겠으나, 지문에 슈퍼잡초의 발생 시기를 특정할 수 있는 정보는 없다.
③ 지문에 유전자 변형 작물이 아닌, 일반 작물 재배 시의 살충제 사용 증감에 대한 정보는 없으므로 일반 작물 재배 시 살충제 사용의 증가 여부는 알 수 없다.

2. ④

문항 명사수의 눈

연결어를 통한 문장과 문장, 문단과 문단의 연결에 유의하여 글을 협력적으로 읽는 것이 원활한 선지 판단에 중요한 지문이다. '그런 점에서', '그러나', '이런', '이 과정에서', '이는'과 같은 표지를 통해 문장과 문장, 문단과 문단을 협력하여 정보를 연결해 파악할 수 있도록 하자.

정답 분석

④ 3문단에 따르면 여성운동의 투쟁을 통한 여성의 지위 상승과 '한편'으로 연결되어 '국가'에 의해 재생산의 담당자이자 노동력 제공자의 여성 존재의 필요성이 인정되었기 때문에 복지국가 혹은 사회국가 모델에서 여성이 삼중지위를 누리게 되었다고 제시되고 있으므로 적절하다고 판단할 수 있다.

오답 분석

① 3문단에 따르면 근대국가에서 여성 지위가 점진적으로 향상된 것은 여성운동의 지속적인 투쟁, 실질적 민주주의의 확대, 보다 양질의 노동력을 필요로 하는 자본의 이해관계와 사회주의 운동의 잠재적 영향력 확대 등의 복잡한 상호관계를 거치는 과정의 산물이었던 것으로, 권력의 상호 견제 원칙이 적용된 것이라고 제시된 바 없으므로 적절하지 않다고 판단할 수 있다.
② 2문단에 따르면 여성의 무조국성을 설파하거나 국제주의를 표방하였음에도 불구하고 여성운동은 그들이 처한 특유의 사회적, 정치적 맥락 속에서 구체적 경로가 결정되었으며, 여성노동과 같은 주요 사안에서 페미니즘 내부에 견해차가 존재해 여성운동의 영향력은 반감되었으므로 적절하다고 보기 어렵다.
③ 1문단에 따르면 근대국가는 여성의 노동력을 차별적으로 이용해 공적 영역에서 여성을 배제했으며, 이런 측면에서 성차별적이었다. 이와 달리 3문단에서는 노동력을 필요로 하는 자본의 이해관계는 여성의 지위 향상으로 이어졌고, 여성영역이 공공영역으로 바뀐 것이 여성의 노동시장 참여 확대와 여성과 국가의 관계 발전의 계기가 되었다고 제시되고 있다. 따라서, 근대국가가 여성을 공적 영역에서 배제해 사적 영역에서만 활동하게 한 활동 영역 분리는 노동 시장의 필요 충족과는 거리가 멀다고 판단할 수 있다.

국어 치열하게 독하게

3. ④

> **문항** 명사수의 눈
>
> 이와 같은 '추론' 유형의 문제의 경우 지문의 내용으로부터 선지 내용을 '도출'하는 것보다는 선지의 내용을 지문에 대입해 '검증'해 보는 것이 더 쉽게 선지를 판단하는 길이 될 수 있다. 한편 지문에 제시된 대소 관계는 명료하게 판단이 가능해 문제화되기 좋은 부분이므로 주의하며 정리할 수 있도록 하자. 추론 문제의 선지를 판단하는 단계에서도 하나의 정답을 고르기보다 지문과 모순되는 오답 선지를 먼저 걸러내는 접근도 좋은 접근법이 될 수 있다.

정답 분석

④ 2문단에서 학생들의 가정배경과 동료집단이 학업성취에 큰 영향을 미친다는 연구 결과가 제시되고, 3문단에서 '그리하여 1970년대에는 ~ 사회구조 그 자체를 비판하는 논의가 전개되었다.'라고 제시되고 있으므로 적절하다고 판단할 수 있다.

오답 분석

① 2문단에 따르면 연구 결과 학업성취에 학교 효과는 매우 미약하고 학생의 가정배경과 동료집단의 영향이 크다는 점이 밝혀졌으므로 적절하지 않다고 판단할 수 있다.
② 2문단에서 '학교 효과는 기껏해야 약 10% 정도의 영향만을 미침으로써 학교는 별 문제가 아니고, 오히려 학생들의 가정배경이 중요하다'라는 보고서의 결론이 제시되고 있기는 하나 학교 효과는 해당 부분에 적시되었듯, 0%로 전혀 효과를 미치지 못하는 것이 아니라 작은 10%나마 영향을 미치고 있으므로 효과가 없다는 이유로 존재가치를 부정해야 한다고 보기는 어렵다.
③ 2문단에 따르면 연구 결과 학업성취에 학교 효과는 매우 미약하고 학생의 가정배경과 동료집단의 영향이 크다는 점이 밝혀졌으므로 적절하지 않다고 판단할 수 있다.

4. ④

정답 분석

④ 첫 번째 진술 "나는 관악기를 하거나 현악기를 하거나 타악기를 했다."와 네 번째 진술 "나는 현악기를 하지 않았다."를 결합하면 "나는 관악기를 했거나 타악기를 했다."라는 결론이 도출된다.(선언지 제거) 그런데 두 번째 진술로 관악기를 하면 폐활량과 집중력이 모두 좋아진다는 것이 제시되었고, 다섯 번째 진술에 따르면 집중력이 향상되지 못했으므로, 나는 ③**관악기를 하지 않았다**는 결론을 도출할 수 있다.(후건 부정) 그렇다면 ①**타악기를 한 것이다**.(선언지 제거) 세 번째 진술에 따르면 "타악기를 한다면, 스트레스가 줄어들거나 박자감이 향상"되고, 나는 타악기를 하였으므로, 스트레스가 줄어들거나 박자감이 향상되었을 것이다. 그러나 여섯 번째 진술에 따르면 스트레스가 줄어들지는 않았으므로, ②**나는 박자감이 좋아진 것이다**. 그러나, 위 설명에 의하여 볼 때, 나는 관악기를 하지 않았으므로, 반드시 ④**폐활량이 좋아졌다**는 것이 도출되지는 않는다.

5. ①

정답 분석

① 〈보기〉에서 설명하고 있는 것은 보조 용언이다. '밖의 날씨가 매우 더운가 보다.'에서 '보다'는 '눈으로 대상의 존재를 안다.'는 실질적인 의미가 아니라 선행 용언 '더운가'와 연결되어 '앞말이 뜻하는 상태를 추측하거나 어렴풋이 인식하고 있음.'의 의미를 나타내는 보조 용언이다. '이 부분을 소리 내어 읽어 보렴.'에서 '보렴'도 실질적인 의미가 아니라 '어떤 행동을 시험 삼아 함.'의 의미를 나타내는 보조 용언이다.

오답 분석

② '공을 차다 장독을 깨 먹었다.'에서 '먹었다'는 '음식 따위를 입을 통하여 배 속에 들여보내다.'는 실질적인 의미가 아니라, 선행 용언 '깨'와 연결되어 '앞말이 뜻하는 행동을 강조'의 의미를 나타내는 보조 용언이다. '여름철에는 음식물을 잘 익혀 먹자.'에서 '먹자'는 실질적인 의미를 나타내는 용언이다.
③ '막내 동생이 참 예쁘게 생겼다.'에서 '생겼다'는 '사람이나 사물의 생김새가 어떠한 모양으로 되다.'는 실질적인 의미를 나타내는 용언이다. '한겨울에 길바닥에 나앉게 생겼구나.'에서 '생겼구나'는 실질적인 의미가 아니라 '일의 상태가 부정적인 어떤 지경에 이르게 됨.'의 의미를 나타내는 보조 용언이다.
④ '이것 말고 저것을 주시오.'에서의 '말고'는 '아니고'의 실질적인 의미를 나타내는 본용언이다. '최선을 다해서 좋은 성적을 얻고 말겠다.'의 '말겠다'는 '앞말이 뜻하는 행동이 끝내 실현됨.'의 의미를 나타내는 보조 용언이다.
⑤ '이것 좀 너희 아버지께 가져다 드리렴.'에서의 '드리렴'은 '물건을 남에게 건네어 가지게 하다.'의 높임말로 실질적인 의미를 나타내는 본용언이다. '나는 주말마다 어머니 일을 거들어 드린다.'에서 '드린다'는 '앞 동사의 행위가 다른 사람의 행위에 영향을 미침.'의 의미를 나타내는 보조 용언이다.

국어
치열하게
독하게

2026년도 **공무원** 데일리 유대종 **시즌 2**

WEEK 2

Week 2

DAY 01

[1] 다음 글을 읽고 물음에 답하시오.

 코페르니쿠스 체계에 대한 당대의 부정적 평가는, 일반적으로 그 당시 천문학자들이 가지고 있었던 비합리적인 종교적 편견에서 비롯되었다고 이해된다. 그러나 그들이 코페르니쿠스 체계를 거부한 데에는 나름 합리적인 이유가 있었다. 그들은 당대 최고의 천문학자였던 티코 브라헤가 코페르니쿠스 체계를 반증했다고 믿었기 때문이다.
 티코 브라헤는, 코페르니쿠스 체계가 옳다면 공전 궤도 상 서로 마주 보는 두 지점에서 한 별을 관찰했을 때 서로 다른 각도로 관찰된다는 점에 주목했다. 이처럼 지구가 공전 궤도에서 차지하는 상대적 위치에 따라 달라지는 별의 겉보기 각도 차이를 '연주시차'라고 한다. 티코 브라헤는 이 연주시차가 관찰되는지를 오랜 시간에 걸쳐 꼼꼼하게 조사했는데, 연주시차는 전혀 관찰되지 않았다. 티코 브라헤는 논리적 절차에 따라 코페르니쿠스 체계를 반증했다.
 그러나 티코 브라헤의 반증은 후일 오류로 판명되었다. 현재 알려진 사실은 가장 가까운 별조차 연주시차가 너무 작아서 당시의 천문학 기술로는 누구도 연주시차를 관측할 수 없었다는 것이다. 이는 별이 태양계로부터 아주 멀리 떨어져 있다는 것을 의미한다. 흥미로운 점은 티코 브라헤가 자신이 관찰한 별이 너무 멀리 떨어져 있어서 당시의 관측 기술로는 연주시차가 관찰되지 않을 가능성을 고려했다는 사실이다. 그러나 티코 브라헤는 이런 가능성을 부정했다. 당시, 천체의 운동을 설명하는 유일한 이론은 아리스토텔레스의 자연학이었다. 그러나 연주시차가 관찰될 수 없을 만큼 별들이 멀리 떨어져 있다는 생각은 아리스토텔레스의 자연학과 양립할 수 없었다. 천체 운동에 대한 설명을 포기할 수 없었던 티코 브라헤는 결국 별이 그토록 멀리 떨어져 있다는 가능성을 부정할 수밖에 없었다.

1. 윗글에서 알 수 있는 것만을 〈보기〉에서 모두 고르면?

<보기>
ㄱ. 티코 브라헤는 기술적 한계 때문에 연주시차가 관찰되지 않았을 가능성을 당시 천체 운동을 설명하던 이론에 근거하여 부정하였다.
ㄴ. 티코 브라헤는 반증 과정에서 관찰 내용에 대한 최선의 이론적 설명이 아니라 종교적 편견에 따른 비합리적 설명을 선택함으로써 오류에 빠지게 되었다.
ㄷ. 티코 브라헤의 반증은, '코페르니쿠스 체계가 옳다면 연주시차가 관찰된다. 연주시차는 관찰되지 않았다. 따라서 코페르니쿠스 체계는 옳지 않다.'의 절차로 재구성할 수 있다.

① ㄱ
② ㄴ
③ ㄱ, ㄷ
④ ㄴ, ㄷ

[2] 다음 글을 읽고 물음에 답하시오.

'구전에서 기록으로'의 변화가 갖는 문화사적 의미를 검토할 때, 이제는 고전이 되어 버린 에른스트 포스너의 『고대 세계의 아카이브즈』는 우리에게 유용한 단서를 제공한다. 그는 서양의 고대 문명에서 기록학의 원형을 발견했다. '자원과 인간, 인간이 만든 설비에 대한 통제'라는 현실적 필요가 기록물의 생산과 축적을 자극했으며, 이러한 필요가 인류 역사에 상존하는 한, '기록 생산의 상수(常數)들'도 변함없이 유지된다는 것이 그의 주장이다. 포스너는 주로 통치상의 필요라는 효용론적 관점에서 기록 생산의 상수들을 추출했지만, 여기에는 기록 생산과 활용의 비효용론적인 변수들도 추가되어야 한다. 문맹이 지배적인 사회에서 기록을 생산하고 활용한다는 것은, 현실적 필요와 효용만으로는 설명하기 힘든 '상징적' 요인들을 다수 포함하기 때문이다. 실제로 로저린드 토마스는 고대 그리스에서 기록이 일차적으로는 구전 커뮤니케이션을 보충하기 위해 사용되었으며, 기록은 제식(祭式)이나 장식 같은 비문자적 용도들 역시 가지고 있었음에 주목했다. 제식용이나 장식용 기록의 범주에는 위인을 기리기 위한 기록, 용감하거나 거룩한 행적을 기념하기 위한 기록, 달력, 심지어 주문(呪文) 같은 것들도 포함될 수 있다.

포스너의 '상수들'에 몇 가지 '변수들'을 더하면, 우리는 문명이 지배적인 사회조건에서 기록의 용도에 대한 더욱 심층적인 이해에 접근할 기회를 얻는다. 많은 인류학자들이 보고하듯이, 문맹률이 높고 인구의 대다수가 구전 커뮤니케이션에 의존하는 사회조건에서 기록은 그 자체로 존중되며 심지어 숭배의 대상이 되는 경향도 있다. 인구의 몇 퍼센트에 지나지 않는 기록문화에 속한 자들은 기록에 의해 자기 필요를 충족시키는 동시에, 그 문화에 속하지 못한 자들의 기록에 대한 신성화에 편승해서 폐쇄적 집단으로 유지된다. 기록문화의 폐쇄성은 구전문화에 속한 대중의 일상에 깊숙이, 그리고 오랫동안 뿌리내린다.

이 논의에서 중요한 것은 그 폐쇄된 기록문화의 이중성을 이해하는 일이다. 그것은 구전문화로부터 격리된 섬이었지만, 동시에 구전문화의 대해(大海)에 갇힌 섬이기도 했다. 그것은 한편으로는 문맹인 대중의 눈을 신성한 비밀과 빛으로 가렸지만, 그 내부의 변화는 구전문화의 특성에 의존하기도 했다는 뜻이다. 전통 사회의 엘리트층은 기록문화의 건너편에서(특히 대중을 상대로 하는 정치활동에서) 구전에 필요한 기술(예를 들어 기억술)을 개발했을 뿐만 아니라, 엘리트들 스스로도 기록보다 구전을 우선시하는 경우가 많았다. 이러한 통로를 거쳐 구전문화의 일반적인 특성은 기록문화에도 침투할 수 있었다. 기억에 의존하는 구술의 내용이 시간이 지나면 자꾸 바뀌는 것처럼, 기록문화 내의 위조와 변조는 의도적인 측면뿐만 아니라 구술문화의 기억 의존적 특성이 반영된 것으로도 볼 수 있을 것이다.

2. 윗글에서 추론할 수 있는 것으로 적절한 것을 〈보기〉에서 모두 고른 것은?

보기

ㄱ. 전통 사회에서 지배 엘리트는 기록문화를 독점하면서도 구전문화적 특성을 유지했다.
ㄴ. 구전문화 시기에 '기록 생산의 변수들'은 지배자의 통치에 따른 필요에 따라 만들어졌다.
ㄷ. 전통 사회의 엘리트층이 개발한 기억술과 필기술은 구전문화에서 기록문화로의 변이를 완성시켰다.
ㄹ. 에른스트 포스너의 '기록 생산의 상수들'이 포괄하는 범주에 신정일치제 사회에서 지배자의 승리를 기원하는 기도문이 포함된다.

① ㄱ
② ㄹ
③ ㄱ, ㄴ
④ ㄱ, ㄷ

DAY 01

[3] 다음 글을 읽고 물음에 답하시오.

    우리나라 헌법상 정부는 대통령과 행정부로 구성된다. 행정부에는 국무총리, 행정각부, 감사원 등이 있으며, 이들은 모두 대통령 소속 하에 있다. 이외에도 행정부에는 국무회의와 각종 대통령 자문기관들이 있다.
    우리나라 국무회의는 정부의 중요 정책에 대한 최고 심의기관으로, 그 설치를 헌법에서 규정하고 있다. 미국 대통령제의 각료회의는 헌법에 규정이 없는 편의상의 기구라는 점에서, 영국 의원내각제의 내각은 의결기관이라는 점에서 우리나라의 국무회의는 이들과 법적 성격이 다르다.
    대통령이 국무회의 심의 결과에 구속되지 않는다는 점에서 국무회의는 자문기관과 큰 차이가 없다. 그러나 일반 대통령 자문기관들은 대통령이 임의적으로 요청하는 사항에 응하여 자문을 개진하는 것과 달리 국무회의는 심의 사항이 헌법에 명시되어 있으며 해당 심의는 필수적이라는 점에서 단순한 자문기관도 아니다.
    행정각부의 장은 대통령, 국무총리와 함께 국무회의를 구성하는 국무위원임과 동시에 대통령이 결정한 정책을 집행하는 행정관청이다. 그러나 행정각부의 장이 국무위원으로서 갖는 지위와 행정관청으로서 갖는 지위는 구별된다. 국무위원으로서 행정각부의 장은 대통령, 국무총리와 법적으로 동등한 지위를 갖지만, 행정관청으로서 행정각부의 장은 대통령은 물론 상급행정관청인 국무총리의 지휘와 감독에 따라야 한다.

3. 윗글의 내용과 부합하지 않는 것은?

① 감사원은 대통령 소속 하에 있는 기관이다.
② 국무회의는 의결기관도 단순 자문기관도 아닌 심의기관이다.
③ 국무회의 심의 결과는 대통령을 구속한다는 점에서 국가의사를 표시한다.
④ 우리나라 헌법은 국무회의에서 반드시 심의하여야 할 사항을 규정하고 있다.

4. 다음 진술이 모두 참일 때, '나'에 대하여 반드시 참인 것은?

- 나는 오늘 책을 읽지 않았다.
- 나는 오늘 연주회를 관람하거나 책을 읽었다.
- 만약 내가 연주회를 관람했다면, 나의 교양이 풍부해진다.

① 나는 연주회를 관람하지 않았다.
② 연주회를 관람하면 책을 읽는다.
③ 나의 교양은 풍부해졌다.
④ 책을 읽으면 나의 교양이 풍부해진다.

5. 〈보기 1〉의 ㉠~㉣에 해당하는 가장 적절한 예를 〈보기 2〉에서 고른 것은?

┌─ 보기 1 ─────────────────────────
│ 용언의 활용은 규칙 활용과 불규칙 활용으로 나눌 수
│ 있다. ㉠규칙 활용은 용언이 활용될 때 어간과 어미의 기
│ 본 형태가 바뀌지 않거나, 어간이나 어미의 기본 형태가
│ 바뀌는 모습을 일정한 규칙으로 설명할 수 있다. 한편 불
│ 규칙 활용은 용언이 활용될 때 어간이나 어미의 기본 형
│ 태가 바뀌는 이유를 일정한 규칙으로 설명할 수 없다.
│ 불규칙 활용에는 ㉡어간이 불규칙적으로 바뀌는 경우,
│ ㉢어미가 불규칙적으로 바뀌는 경우, ㉣어간과 어미가
│ 모두 불규칙적으로 바뀌는 경우가 있다.
└──────────────────────────────

┌─ 보기 2 ─────────────────────────
│ • 놀이터에서 놀다 보니 옷에 흙이 <u>묻었다</u>.
│ • 나는 동생에게 출발 시간을 <u>일러</u> 주었다.
│ • 우리는 한라산 정상에 <u>이르러</u> 잠시 쉬었다.
│ • 드디어 사람들은 그를 <u>우러러</u> 섬기게 되었다.
│ • 하늘은 맑고 강물은 <u>파래</u> 기분이 정말 상쾌했다.
└──────────────────────────────

	㉠	㉡	㉢	㉣
①	묻었다	이르러	일러, 우러러	파래
②	일러	이르러, 파래	묻었다	우러러
③	이르러	묻었다, 우러러	파래	일러
④	묻었다, 우러러	일러	이르러	파래
⑤	일러, 우러러	묻었다	파래	이르러

DAY 01 정답 및 해설   Week 2

DAY 01

| 1 ③ | 2 ① | 3 ③ | 4 ③ | 5 ④ |

1. ③

정답 분석

③ ㄱ. 티코 브라헤는 당시의 관측 기술로는 연주시차가 관찰되지 않을 가능성을 고려했다. 그러나 그는 이 가능성을 부정했는데, 그 이유는 당시 천체 운동을 설명하던 아리스토텔레스의 자연학과 연주시차가 관찰될 수 없을 만큼 별들이 멀리 떨어져 있다는 생각은 양립할 수 없었기 때문이다.

ㄷ. 티코 브라헤는 코페르니쿠스 체계가 옳다면 연주시차가 있을 것이라고 생각했다. 그래서 그는 (연주시차가 관찰되지 않을 가능성을 고려했으나, 이를 부정하며) 연주시차가 전혀 관찰되지 않았음을 확인했고, 이를 바탕으로 코페르니쿠스 체계가 옳지 않다고 반증하였다.

오답 분석

ㄴ. 지문 내용만을 바탕으로 티코 브라헤가 종교적인 편견이 있었는지는 특정할 수 없다. 또한 2문단에 따르면, 티코 브라헤는 논리적 절차에 따라 코페르니쿠스 체계를 반증하였으므로 적절하지 않다.

2. ①

> **문항** 명사수의 눈
>
> 이렇게 인명이 구체적으로 제시되는 지문의 경우 학자 간 이론 대비를 제시하기 용이하므로 각 학자와 주장의 내용을 연결해 파악할 수 있도록 하자. 이와 함께 '상수(常數)'와 '변수'같이 선명한 대비를 이루는 개념을 인식하고, 각각에 해당하는 경우를 정리해 줄 수 있었다면 ㄴ, ㄹ 판단이 용이했을 것이다. ㄷ과 관련해서는 '방향성' 파악이 중요함을 언제나 유념하도록 하자. 지문 밖에 별도로 필기를 하는 경우가 많다면, 방향성이 있는 연결을 =와 같이 방향성이 없는 기호로 필기하는 것을 지양하는 것이 좋다.

정답 분석

① ㄱ. 3문단에 따르면 기록문화의 변화는 구전문화의 특성에 의존하였다고 제시되고 있으며, 전통 사회의 엘리트층은 기록문화의 건너편에서 구전에 필요한 기술을 개발했을 뿐만 아니라, 기록보다 구전을 우선시하는 경우가 많았으므로 적절하다고 판단할 수 있다.

오답 분석

ㄴ. 1문단에 따르면 에른스트 포스너는 현실적 필요가 '기록 생산의 상수'라면서 '통치상의 필요라는 효용론적 관점에서 기록 생산의 상수들을 추출'했으므로 적절하다고 보기 어렵다. 지배자의 통치에 따른 필요는 '기록 생산의 변수들'이 아닌 '기록 생산의 상수'에 해당하는 것일 것이다.

ㄷ. 3문단에 따르면 전통 사회의 엘리트층이 개발한 구전에 필요한 기술은 기록문화에 구전문화의 일반적 특성이 침투하는 통로가 되었다고 제시되고 있을 뿐, 구전문화가 기록문화로 완전한 변이를 하도록 한 것이라고 제시되고 있는 것은 아니므로 적절하다고 보기 어렵다.

ㄹ. 1문단에 따르면 '기도문'과 같은 제식, 주문은 '상징적' 요인을 다수 포함한 예시로 로저린드 토마스에 의해 효용만으로는 설명하기 힘든 '비효용론적인 변수'로 제시되고 있는 것이므로 적절하다고 보기 어렵다.

3. ③

정답 분석

③ 3문단에 따르면, 대통령은 국무회의 심의 결과에 구속되지 않는다.

오답 분석

① 1문단에 따르면, 감사원은 대통령 소속 하에 있다.
② 2문단에 따르면, 우리나라의 국무회의는 영국 내각과 그 법적 성격이 다르다. 또한 3문단에 따르면, 국무회의는 단순한 자문 기관이 아니다.
④ 3문단에 따르면, 국무회의는 심의 사항이 헌법에 명시되어 있다.

4. ③

정답 분석

③ 첫 번째 진술과 두 번째 진술을 바탕으로 선언지 제거를 적용한다. 두 번째 진술 : "나는 오늘 연주회를 관람하거나 책을 읽었다." / 첫 번째 진술 : "나는 오늘 책을 읽지 않았다."
→ 선언지 제거를 통해, "나는 연주회를 관람했다."라는 것은 참이다. 나아가, "만약 내가 연주회를 관람했다면, 나의 교양이 풍부해진다."라는 문장과 결합하면 전건 긍정에 의해, 나의 교양은 풍부해졌다는 참이다.

오답 분석

① 첫 번째 진술과 두 번째 진술로부터 "나는 연주회를 관람했다."라는 결론에 도달하므로 적절하지 않다.
② 연주회를 관람한다는 진술과 책을 읽는다는 진술을 이어 줄 수 있는 진술은 확인할 수 없다. 오히려 주어진 진술들을 통해 연주회를 관람했지만, 책은 읽지 않았음을 알 수 있다.
④ 주어진 진술에는 "책을 읽으면 교양이 풍부해진다."라는 조건이 포함되지 않으므로 반드시 참이라고 할 수 없다.

5. ④

정답 분석

④ ㉠ : '흙이 묻다'와 '그를 우러르다'의 '묻다'와 '우러르다'는 모음 어미가 결합할 때 '묻어, 우러러'와 같이 규칙 활용을 한다.
㉡ : '시간을 일러 주다'의 '이르다'는 모음 어미가 결합할 때 '일러'와 같이 활용하며, 어간 불규칙 활용에 해당한다.
㉢ : '정상에 이르러'의 '이르다'는 모음 어미와 결합할 때 '이르러'와 같이 어미 불규칙 활용의 양상을 보이는 용언이다.
㉣ : '강물은 파래'의 '파랗다'는 모음 어미가 결합할 때 어간과 어미가 모두 바뀌는 불규칙 활용의 양상을 보이는 용언이다.

Week 2

[1] 다음 글을 읽고 물음에 답하시오.

논리실증주의자들은 "전통적인 철학은 형이상학적인 문제들을 다루었으며, 그에 대한 답변을 제시하는 것을 철학자의 임무라고 생각했다. 그러나 그러한 전통적인 철학적 진술들은 무의미한 반면에 논리학적이고 과학적인 진술들만이 의미 있는 진술들이다."라고 주장한다. 그들은 의미 있는(유의미한) 진술들과 의미 없는(무의미한) 진술들을 구분하는 기준을 제시한다. 이 기준이 바로 '검증 원리'로서, 우리에게 사실에 관한 것으로 보이는 진술이 참으로 사실에 관한 진술인가를 시험하기 위해 사용되는 기준이다.

에이어는 유의미한 진술에는 두 가지가 있다고 주장한다. 첫째는 경험적인 관찰에 의해 승인되거나 거부되는 진술이며, 둘째는 순수하게 지성적인 과정을 통해 참과 거짓이 결정되는 진술이다. 이 두 가지 종류의 진술들은 각각 세 가지 특징을 갖는다. 상식적 진술 또는 과학적 진술은 후험적(경험적)·우연적·종합적이라는 특징을 갖는다. 첫째, 그것은 경험을 통해 승인되거나 또는 거부될 수 있다는 점에서 후험적이다. 둘째, 그것은 현재 참이지만 거짓이 될 수도 있고 또한 현재 거짓이지만 참이 될 수도 있다는 점에서 우연적이다. 어떤 것이 우연적이라는 것은 현재 관찰된 상태와 다르게 나타날 수도 있다는 것이다. 셋째, 그것은 정의상 참이 아니라 경험적으로 유익하다는 점에서 종합적이다. 한편, 논리학적 진술 또는 수학적 진술은 선험적(경험독립적)·필연적·분석적이라는 특징을 갖는다. 첫째, 그것의 참과 거짓은 경험이 아니라 순수하게 이성적 과정을 통해 승인되거나 거부될 수 있다는 점에서 경험독립적이다. 둘째, 그것이 참이라면 시대와 장소와 관계없이 항상 참이라는 점에서 필연적이다. 셋째, 그것은 경험적으로 유익한 것이 아니라 정의상 참이라는 점에서 분석적이다. 만약 어떤 진술이 이 두 가지 진술들 가운데 하나라면 그것은 유의미하지만 그렇지 않다면 무의미하다.

1. 윗글에 나타난 논리실증주의자의 입장에 따를 때, 〈보기〉의 설명 중 옳은 것을 모두 고른 것으로 적절한 것은?

〈보기〉

ㄱ. "물은 섭씨 70도에서 끓는다."라는 진술은 유의미하다.
ㄴ. "사각형은 다섯 면을 가진다."라는 진술은 무의미하다.
ㄷ. "둘에 둘을 더하면 넷이다."라는 진술은 유의미하다.
ㄹ. "신은 존재하지 않는다."라는 진술은 유의미하다.
ㅁ. "사과는 빨간색이다."라는 진술은 유의미하다.

① ㄱ, ㄴ, ㄷ
② ㄱ, ㄷ, ㅁ
③ ㄱ, ㄹ, ㅁ
④ ㄴ, ㄷ, ㄹ

[2] 다음 글을 읽고 물음에 답하시오.

바르트는 언어를 '랑그', '스틸', '에크리튀르'로 구분해서 파악했다. 랑그는 영어의 'language'에 해당한다. 인간은 한국어, 중국어, 영어 등 어떤 언어를 공유하는 집단에서 태어난다. 그때 부모나 주변 사람들이 이야기하는 언어가 '모어(母語)'이고 그것이 랑그이다.

랑그에 대해 유일하게 말할 수 있는 사실은, 태어날 때부터 부모가 쓰는 언어여서 우리에게 선택권이 없다는 것이다. 인간은 '모어 속에 던져지는' 방식으로 태어나기 때문에 랑그에는 관여할 수 없다. 태어나면서 쉼 없이 랑그를 듣고 자라기 때문에 어느새 그 언어로 사고하고, 그 언어로 숫자를 세고, 그 언어로 말장난을 하고, 그 언어로 신어(新語)를 창조한다.

스틸의 사전적인 번역어는 '문체'이지만 실제 의미는 '어감'에 가깝다. 이는 언어에 대한 개인적인 호오(好惡)의 감각을 말한다. 누구나 언어의 소리나 리듬에 대한 호오가 있다. 글자 모양에 대해서도 사람마다 취향이 다르다. 이는 좋고 싫음의 문제이기 때문에 어쩔 도리가 없다. 따라서 스틸은 기호에 대한 개인적 호오라고 해도 좋다. 다시 말해 스틸은 몸에 각인된 것이어서 주체가 자유롭게 선택할 수 없다.

인간이 언어기호를 조작할 때에는 두 가지 규제가 있다. 랑그는 외적인 규제, 스틸은 내적인 규제이다. 에크리튀르는 이 두 가지 규제의 중간에 위치한다. 에크리튀르는 한국어로 옮기기 어려운데, 굳이 말하자면 '사회방언'이라고 할 수 있다. 방언은 한 언어의 큰 틀 속에 산재하고 있으며, 국소적으로 형성된 것이다. 흔히 방언이라고 하면 '지역방언'을 떠올리는데, 이는 태어나 자란 지역의 언어이므로 랑그로 분류된다. 하지만 사회적으로 형성된 방언은 직업이나 생활양식을 선택할 때 동시에 따라온다. 불량청소년의 말, 영업사원의 말 등은 우리가 선택할 수 있다.

2. 윗글에서 알 수 있는 것은?

① 랑그는 선택의 여지가 없지만, 스틸과 에크리튀르는 자유로운 선택이 가능하다.
② 방언에 대한 선택은 언어에 대한 개인의 호오 감각에 기인한다.
③ 동일한 에크리튀르를 사용하는 사람들은 같은 지역 출신이다.
④ 같은 모어를 사용하는 형제라도 스틸은 다를 수 있다.

[3] 다음 글을 읽고 물음에 답하시오.

말의 이해과정과 글의 이해과정은 문장들을 분석하여, 말하는 사람 또는 글 쓴 사람의 생각을 문장들에서 추론해 낸다는 점에서, 또 지식을 활용한다는 점에서, 통사적 구문분석, 의미 분석, 화용적 분석이 이루어진다는 측면에서는 같다. 그러나 다른 점도 있다.

책을 읽을 때 우리는 자동차가 달리듯이 눈으로 글의 줄 위를 수월하게 읽어 나가는 것이 아니다. 개구리가 도약과 움츠림을 반복하듯이, 우리는 한 초점에 멈춰서 응시했다가 몇 단어 건너 다음 초점으로 옮기는 동작을 수없이 반복하며 책을 읽어 나간다. 우리 눈은 안구 망막의 중심와(中心窩)에 비친 것만 자세히 볼 수 있다. 그런데 중심와의 크기는 아주 작아서 우리가 한번 응시할 때에 볼 수 있는 단어는 약 2~3개에 불과하다. 이러한 제한성을 극복하는 방법으로 우리의 눈은 1초에 약 4번씩 점프하듯이 움직인다. 따라서 우리가 1분 동안에 볼 수 있는 단어는 보통 500~700단어가 된다.

그런데 우리가 실제로 책을 읽을 때에는 1분에 약 300 단어가 보통이다. 왜 그런가 하면, 독서란 단순히 글자들을 응시하고 또 눈을 움직여 점프하는 것 이상의 과정인 까닭이다. 글의 의미를 이해하는 과정, 즉 우리의 지식을 이용하여 글의 전체적 연결을 분석하고 종합해 내는 인지 과정이 포함되기 때문이다.

일반적으로 말 자극을 음절이나 단어들로 분석하여 파악하는 것은 글을 지각하여 분석하는 것보다 힘들다. 왜냐하면 위에서 언급한 것처럼 말소리는 글처럼 음절과 음절 사이, 그리고 단어와 단어 사이가 뚜렷이 떨어져 있지 않고 연속된 흐름의 소리로 들리기 때문이다. 단기 기억에서 곧 사라지는 이러한 연속된 흐름을 음절과 단어로 분절하여 지각하기 위해서는 글의 경우보다 더 많은 노력과 지식이 적용되어야 한다.

반면에 말을 이해할 때에는 일반적으로 글의 이해보다 더 쉽다는 이점이 있다. 왜냐하면, 말을 이해할 때에는 말을 하는 사람의 사회적 상황, 그 사람의 억양, 표정, 몸짓, 목소리 변화 등의 여러 가지 정보들이 함께 주어지기 때문이다. 이러한 정보들은 듣는 사람이 그 말을 이해하기 위해서 어떠한 관련 지식들을 이해자의 기억에서 찾아내어 적용하고 추론, 예측, 해석할 것인가 등에 대한 좋은 단서들이 된다. 즉 말의 내용과 관련된 정보들의 인출과 적용이 용이해져서 이해가 쉽게 된다.

3. 윗글의 내용과 부합하지 않는 것은?

① 말을 이해할 때에는 연결된 음을 분절하는 작업을 해야 하므로 이해의 분량은 글을 읽는 것이 더 많다고 할 수 있다.
② 말을 이해할 때에는 화자와 청자가 공유하는 사회적 상황이 있으므로 정보를 처리하여 이해하기가 글에 비해 더 용이하다.
③ 글의 이해란 글의 응시와 전체 연결을 분석하고 종합하는 인지적 과정이며, 말의 이해란 말하는 사람의 상황, 억양, 몸짓 등을 통해 관련 정보를 인출하고 적용하는 인지적 과정이다.
④ 말과 글의 이해 과정은 통사적, 의미적, 화용적 분석이 이루어진다는 점에서 동일하지만 글은 시각을 통한 이해의 과정이며 말은 청각을 통한 이해의 과정이라는 점에서 다른 면이 있다.

4. 다음 진술이 모두 참일 때, '그'에 대하여 반드시 참이 아닌 것은?

- 그가 취직한다면 그는 집을 구매하고 자동차도 구매한다.
- 그가 집을 구매한다면, 그는 가구를 구매한다.
- 그가 가구를 구매한다면, 그는 텔레비전을 구입한다.
- 그는 텔레비전을 구매하지 않았다.

① 그는 가구를 구매하지 않았다.
② 그는 집을 구매하지 않았다.
③ 그는 취직하지 않았다.
④ 그는 자동차를 구매했다.

[5] 다음 글을 읽고 물음에 답하시오.

　용언은 문장에서 사용될 때 다양한 모습으로 변화한다. 이때 변하지 않고 고정된 부분을 어간이라고 하고, 그 뒤에 붙어서 변화하는 부분을 어미라고 한다. 어간에 다양한 어미들이 결합하는 것을 활용이라고 하는데, '씻다'처럼 활용할 때 어간이나 어미의 기본 형태가 유지되거나, '쓰다'처럼 활용할 때 기본 형태가 달라진다 해도 그 현상을 일반적인 음운 규칙으로 설명할 수 있으면 이를 규칙 활용이라고 한다.

　반면 특정한 환경이나 조건에서 불규칙적으로 어간이나 어미의 형태 변화가 일어나는 것은 불규칙 활용이라고 한다. 불규칙 활용은 '싣다'와 같은 'ㄷ' 불규칙, '젓다'와 같은 'ㅅ' 불규칙, '돕다'와 같은 'ㅂ' 불규칙, '푸다'와 같은 '우' 불규칙처럼 어간이 바뀌는 경우, '하다'와 같은 '여' 불규칙처럼 어미가 바뀌는 경우, '파랗다'와 같은 'ㅎ' 불규칙처럼 어간과 어미가 모두 바뀌는 경우로 구분할 수 있다.

　현대 국어에서 기본 형태가 달라지는 용언의 규칙 활용과 불규칙 활용은 중세 국어 용언의 활용과 밀접한 관련이 있다. 중세 국어에서도 단모음과 단모음이 결합할 때 하나의 모음이 탈락하는 현상이 활발하게 일어났다. 대표적으로 '쓰다'가 '써'처럼 활용하는 'ㅡ' 탈락이 있는데 이는 현대 국어의 'ㅡ' 탈락에 대응한다.

　또한 중세 국어에서 '싣다'의 어간이 자음으로 시작하는 어미 앞에서는 '싣-', 모음으로 시작하는 어미 앞에서는 '실-'로 교체되는 현상은 현대 국어의 'ㄷ' 불규칙으로 이어진다. '돕다'와 '젓다' 역시 자음으로 시작하는 어미 앞에서는 어간의 기본 형태를 유지하지만, 그 외의 경우에는 '둏-'과 '젓-'으로 교체된다. 이러한 교체는 'ㅸ'이 'ㅏ' 또는 'ㅓ' 앞에서 반모음 'ㅗ/ㅜ[w]'로 변화하거나 'ㆍ' 또는 'ㅡ'와 결합하여 'ㅗ' 또는 'ㅜ'로 바뀌어 현대 국어에서 'ㅂ' 불규칙으로 나타난다. 그리고 'ㅿ'은 소실되어 현대 국어에서 'ㅅ' 불규칙으로 나타난다. 또한 어간이거나 어간의 일부인 'ㅎ-'에 모음으로 시작하는 어미가 결합할 때 어미가 '-아'가 아닌 '-야'로 나타나는 것은 현대 국어의 '여' 불규칙으로 이어진다.

5. <보기>는 윗글을 바탕으로 용언의 활용에 대해 탐구한 내용이다. ㉠~㉢에 들어갈 말로 적절한 것은?

보기

[탐구 과제]
　다음 자료를 보고, 용언의 활용 양상을 탐구해 보자.

[탐구 자료]

따르다　 : 따르-+-고 → 따르고 / 따르-+-어 → 따라
푸르다　 : 푸르-+-고 → 푸르고 / 푸르-+-어 → 푸르러
묻다[問] : 묻-+-고　→ 묻고　 / 묻-+-어　→ 물어
묻다[埋] : 묻-+-고　→ 묻고　 / 묻-+-어　→ 묻어

[탐구 결과]
　'따르다'는 (㉠)처럼 'ㅡ'가 모음으로 시작하는 어미 앞에서 탈락하는 규칙 활용을 하는 반면, '푸르다'는 (㉡)에서 '따르다'와 다른 활용 양상을 보인다는 점에서 불규칙 활용을 한다. 또한 '묻다[問]'는 (㉢)에서 '묻다[埋]'와 다른 활용 양상을 보인다는 점에서 불규칙 활용을 한다.

	㉠	㉡	㉢
①	잠그다	어간	어미
②	다다르다	어간	어미
③	부르다	어미	어간
④	들르다	어미	어간
⑤	머무르다	어미	어간

MEMO

DAY 02 정답 및 해설 — Week 2

DAY 02
| 1 ② | 2 ④ | 3 ① | 4 ④ | 5 ④ |

1. ②

문항 명사수의 눈

지문에서 유의미한 진술의 두 가지 종류를 제시하면서 '이 두 가지 종류의 진술들은 각각 세 가지 특징을 갖는다.'라고 설명하고 있다. 그리고 '경험적인 관찰에 의해 승인되거나 거부되는 진술', '순수하게 지성적인 과정을 통해 참과 거짓이 결정되는 진술'이 각각의 특징이 설명될 때는 '상식적 진술 또는 과학적 진술', '논리학적 진술 또는 수학적 진술'로 변용되고 있는 점을 잡아낼 수 있었다면 선지 판단이 한결 용이했을 것이다. 이렇게 동어는 맥락 속에서 거리를 두고 드러날 수 있으므로, 이런 구조가 제시될 경우 같은 대상이 다른 용어로 제시되었음을 인식하고, 동어로 처리해 줄 수 있도록 하자.

정답 분석

② ㄱ. "물은 섭씨 70도에 끓는다."라는 진술은 물을 실제로 70도까지 가열하는 것을 통해 경험적 관찰로 승인, 거부할 수 있는 진술에 해당하므로 적절하다고 판단할 수 있다.

ㄷ. 2에 2를 더하면 4가 된다는 진술, 즉 2 + 2 = 4라는 진술은 '수학적'인 것에 해당할 것이므로 적절하다고 판단할 수 있다.

ㅁ. "사과는 빨간색이다."라는 진술은 실제 사과의 색을 관찰하는 것을 통해 경험적으로 승인, 거부할 수 있는 진술에 해당할 것이므로 적절하다고 판단할 수 있다.

오답 분석

ㄴ. "사각형은 다섯 면을 가진다."라는 진술은 사각형의 정의를 통해 참 거짓을 판단할 수 있는 진술에 해당하므로 무의미하다고 보기 어렵다.

ㄹ. "신은 존재하지 않는다."라는 진술은 종교적인 내용으로, 형이상학적 진술에 해당한다. 1문단에서 논리실증주의자들은 전통적인 철학이 논하는 형이상학적인 문제들은 무의미하다고 보고 있으므로 적절하지 않다고 판단할 수 있다. 신의 존재 여부는 수학적, 논리학적 진술에 해당한다고 보기 어려운 진술로 수식과 같이 순수하게 지성적인 과정을 통해 참과 거짓을 도출할 수 있다고 보기 어렵고, 인간의 경험적 관찰을 통해 신의 부재를 증명할 수 있다고 보기도 어렵다.

2. ④

정답 분석

④ 3문단에 따르면, 스틸은 언어에 대한 개인적인 호오의 감각이다. '같은 모어를 사용하는 형제' 역시 각자 다른 개인적인 좋고 싫음을 가질 수 있으므로, 이들의 스틸은 다를 수 있다.

오답 분석

① 3문단에 따르면, 스틸은 몸에 각인된 것이어서 주체가 자유롭게 선택할 수 없다.

② 4문단에 따르면, 사회방언은 에크리튀르에 해당하고 지역방언은 랑그로 분류된다. '언어에 대한 개인적인 호오의 감각'은 스틸이므로, 방언에 대한 선택이 언어에 대한 개인의 호오 감각에 기인한다는 설명이 적절하지 않다.

③ 4문단에 따르면, 동일한 에크리튀르를 사용하는 사람들은 동일한 직업이나 생활방식을 선택한 사람들이다. 이들이 같은 지역 출신이라고 확정 지을 수는 없다. 태어나 자란 지역과 관련이 있는 방언은 랑그로 분류되는 '지역방언'이다.

3. ①

> **문항** 명사수의 눈
> 이렇게 대비가 드러나는 지문에서는 언제나 속성 대비, 공통점과 차이점 파악을 잊지 말도록 하자. 1문단에서부터 대비가 드러나는 이 지문에서는 특히나 이런 대비가 글의 핵심에 해당하는 것이라고 볼 수 있으므로 중점을 두고 읽도록 하자.

정답 분석

① 4문단에 따르면 말 자극을 이해하기 위해서는 말소리의 연속된 흐름을 음절과 단어로 분절하여 지각해야 한다. 또한, 5문단에 따르면, 말을 하는 사람의 사회적 상황, 억양, 표정, 몸짓 등의 추론하기 좋은 단서들이 존재한다. 따라서, 이해의 분량 자체는 글을 읽는 것보다 말을 이해하는 과정에서 더 많음을 알 수 있다.

오답 분석

② 5문단에 따르면 말을 이해할 때에는 말을 하는 사람의 사회적 상황이 함께 주어지며, 이것이 듣는 사람이 정보를 처리하는 데 좋은 단서가 된다고 제시되고 있으므로 적절하다고 판단할 수 있다.

③ 3문단에 따르면 독서는 글자들을 응시하는 것 이상의 과정으로, 지식을 활용하여 전체적 연결을 분석하고 종합해 내는 인지 과정이 포함된다고 제시되고 있고, 5문단에 따르면 말을 이해할 때는 말하는 이의 사회적 상황, 억양, 몸짓 등이 제시되어 이런 정보들을 바탕으로 말의 내용과 관련된 정보들을 인출하고, 적용하며 이해하는 것이므로 적절하다고 판단할 수 있다.

④ 1문단에 따르면 글의 이해 과정은 통사적 구문 분석, 의미 분석, 화용적 분석이 이루어진다는 측면에서 말의 이해 과정과 같다고 제시되고 있고, 2문단, 4문단에서 글은 눈으로 응시하는 것이며, 말은 소리를 분절해 지각하는 것임이 제시되고 있으므로 적절하다고 판단할 수 있다.

4. ④

정답 분석

④ 그가 취직을 한다면 첫 번째 진술에 따라 집과 차를 모두 구매할 것이다. 그런데 네 번째 진술로 세 번째 진술의 후건 부정을 하면 그는 가구를 구매하지 않았고, 이를 통해 두 번째 진술을 후건 부정하면 그는 집을 구매하지 않았음을 알 수 있다. 따라서 첫 번째 진술의 후건 부정으로 그가 취직하지 않았음을 알 수 있다. 따라서 전건 긍정으로 '그가 자동차를 구매'했다고 판단하는 것이 불가능하므로, 주어진 진술로 단정할 수 없다.

오답 분석

① 정답 분석과 같이 네 번째 진술과 세 번째 진술을 통해 후건 부정을 적용하면, "그는 가구를 구매하지 않았다."라는 결론을 도출할 수 있다.

② 두 번째 진술과 ①의 결론을 통해, 후건 부정으로 "그는 집을 구매하지 않았다."라는 결론을 도출할 수 있다.

③ 첫 번째 진술과 ②의 결론을 통해, "그는 취직하지 않았다."라는 결론을 도출할 수 있다.

5. ④

정답 분석

④ ㉠ : '따르다'는 'ㅡ'로 시작하는 모음 어미 앞에서 탈락하여 '따라'와 같이 규칙 활용을 하는데, '들르다' 역시 '들러'와 같이 'ㅡ'가 탈락하는 규칙 활용을 한다.

㉡ : '푸르다'는 모음 어미와 결합할 때 어간 '푸르-'는 그대로인데, 어미가 '-러'로 바뀌는 어미 불규칙 활용을 한다('러' 불규칙 활용).

㉢ : '묻다'는 모음 어미 앞에서 '물어'와 같이 활용하는데 어간 '묻-'이 '물-'로 바뀌므로 어간이 바뀌는 불규칙 활용에 해당한다('ㄷ' 불규칙 활용).

오답 분석

① ㉠ : '잠그다'는 '따르다'와 같이 'ㅡ'가 탈락하는 규칙 활용을 하는 예가 맞다.

② ㉠ : '다다르다'는 '따르다'와 같이 'ㅡ'가 탈락하는 규칙 활용을 하는 예가 맞다.

③ ㉠ : '부르다'는 모음 어미와 결합할 때 '불러'와 같이 활용한다. 이는 'ㅡ'가 탈락하는 규칙 활용이 아니라 어간이 바뀌는 불규칙 활용에 해당한다('르' 불규칙 활용).

⑤ ㉠ : '머무르다'는 모음 어미와 결합할 때 '머물러'와 같이 활용한다. 이는 'ㅡ'가 탈락하는 규칙 활용이 아니라 어간이 바뀌는 불규칙 활용에 해당한다('르' 불규칙 활용).

[1] 다음 글을 읽고 물음에 답하시오.

아이를 엄격하게 키우는 것은 부모와 다른 사람들에 대해 반감과 공격성을 일으킬 수 있고, 그 결과 죄책감과 불안감을 낳으며, 결국에는 아이의 창조적인 잠재성을 해치게 된다. 반면에 아이를 너그럽게 키우는 것은 그와 같은 결과를 피하고, 더 행복한 인간관계를 만들며, 풍요로운 마음과 자기신뢰를 고취하고, 자신의 잠재력을 발전시킬 수 있도록 한다. 이와 같은 진술은 과학적 탐구의 범위에 속하는 진술이다. 논의의 편의상 이 두 주장이 실제로 강력하게 입증되었다고 가정해보자. 그렇다면 우리는 이로부터 엄격한 방식보다는 너그러운 방식으로 아이를 키우는 것이 더 좋다는 점이 과학적 연구에 의해 객관적으로 확립되었다고 말할 수 있을까?

위의 연구를 통해 확립된 것은 다음과 같은 조건부 진술일 뿐이다. 만약 우리의 아이를 죄책감을 지닌 혼란스러운 영혼이 아니라 행복하고 정서적으로 안정된 창조적인 개인으로 키우고자 한다면, 아이를 엄격한 방식보다는 너그러운 방식으로 키우는 것이 더 좋다. 이와 같은 진술은 상대적인 가치판단을 나타낸다. 상대적인 가치판단은 특정한 목표를 달성하려면 어떤 행위가 좋다는 것을 진술하는데, 이런 종류의 진술은 경험적 진술이고, 경험적 진술은 모두 관찰을 통해 객관적인 과학적 테스트가 가능하다. 반면 "아이를 엄격한 방식보다는 너그러운 방식으로 키우는 것이 더 좋다."라는 문장은 가령 "살인은 악이다."와 같은 문장처럼 절대적인 가치판단을 표현한다. 그런 문장은 관찰에 의해 테스트할 수 있는 주장을 표현하지 않는다. 오히려 그런 문장은 행위의 도덕적 평가기준 또는 행위의 규범을 표현한다. 절대적인 가치판단은 과학적 테스트를 통한 입증의 대상이 될 수 없다. 왜냐하면 그와 같은 판단은 주장을 표현하는 것이 아니라 행위의 기준이나 규범을 나타내기 때문이다.

1. 윗글에서 추론할 수 없는 것은?

① 아이를 엄격한 방식보다는 너그러운 방식으로 키우는 것이 더 좋다는 것은 경험적 진술이 아니다.
② 아이를 엄격한 방식보다는 너그러운 방식으로 키우는 것이 더 좋다는 것은 상대적인 가치판단이다.
③ 아이를 엄격한 방식보다는 너그러운 방식으로 키우는 것이 더 좋다는 것은 과학적 연구에 의해 객관적으로 입증될 수 있는 주장이 아니다.
④ 정서적으로 안정된 창조적 개인으로 키우려면, 아이를 엄격한 방식보다는 너그러운 방식으로 키우는 것이 더 좋다는 것은 상대적인 가치판단이다.

[2] 다음 글을 읽고 물음에 답하시오.

인간은 태어나면서부터 천부적으로 일정한 양의 잠재적 자본을 갖고 있다. 인간은 유년기, 학령기 및 초기 직장생활을 지나면서 타고난 자본을 더욱 증가시켜 간다. 그리고 학습이나 훈련이 시대에 뒤떨어진 것이 되거나 낡아서 활용하지 못하게 됨으로써 인간은 그 자본의 약화 또는 퇴화를 맛보게 된다.

인간자본론의 대표적인 학자인 슐츠(T. Schultz)는 교육을 증가된 배당금의 형태로 미래에 되돌려 받을 인간자본에의 투자로 보면서 인간이 교육을 통해 지식과 기술을 갖추게 될 때, 인간의 경제적 가치는 증가하게 된다고 주장한다. 이 같은 관점에서 학력에 따른 수입의 차이는 교육에 의한 지식과 기술의 차이 때문이라고 설명한다.

이와 같은 인간자본론은 개인적 측면뿐만 아니라 국가발전에 있어서도 교육에 대한 투자와 국가의 경제적 발전 사이에 높은 상관관계가 있다는 것을 밝히는 데도 적용되었다. 기업가에게는 투자로서의 교육이 매력적인 구호가 되었고, 대학 교수나 연구자들에게는 그들의 활동을 확장시킬 수 있도록 정당성을 부여하였다. 정치가들에게는 교육기회의 민주화에 대한 지지로 보였으며, 교육을 원하는 자들에게는 보수 좋은 직업을 얻을 기회가 확대되리라는 기대를 주었다.

또한 인간자본론은 경제적 발전뿐만 아니라, 정치적 측면이나 개인의 성공과 실패에 관한 논의에도 응용되었다. 학교교육은 정보처리능력을 증진시키며, 기술의 변화가 급격하고 새로운 상황이 계속 생겨나는 환경에서 문제해결능력을 높여주는 데 상당한 도움을 준다는 것이다. 인간자본에 대한 투자는 개인적 생산성을 증대시키고 급속한 경제성장을 위해 요구되는 노동력의 기초를 형성했다고 보는 것이다. 그리고 폭넓은 장기간의 학업을 장려하는 데 필요한 유인으로써 교육받은 사람에게 보다 많은 보상이 주어지는 것을 정당화했다.

이러한 인간자본론은 기술기능이론과 일치되는 점이 많았다. 두 이론 모두 교육의 기술적 기능과 인간자원의 효율적 사용을 강조한다. 낭비의 배제에 대한 관심은 기회균등의 자유주의적 개념을 뒷받침해 준다. 인간자본론에 입각한 연구들은 나름대로의 정치적인 성격을 지니고 있다.

교육적 투자가 개인은 물론 국가발전에 크게 기여한다는 사실을 정치인 또는 정책결정자에게 인식시킴으로써 교육에 보다 많은 투자를 하도록 설득하려는 것이라 볼 수 있다. 그러한 설득을 위해 과학적 연구들이 뒷받침한 것이라 볼 수 있다. 이러한 인간자본론은 우리나라를 포함하여 여러 나라에 적용되어 '교육과 국가발전'이라는 이름으로 커다란 영향을 미쳤다.

2. 윗글에 나타난 주장을 반박하는 내용으로 가장 적절하지 않은 것은?

① 교육과 사회구성원을 국가와 사회 발전의 수단으로만 인식하는 것은 문제이다. 교육 본연의 목적과 인간의 존엄성을 간과한 측면이 없지 않다.
② 교육적 투자가 사람들의 인지적 능력을 높인다고 할 수 있으나, 이 같은 인지적 능력이 교육과 수입 사이의 관계를 설명할 수 있는가는 분명하지 않다.
③ 경제적 발전을 표면적으로 앞세우고 있지만, 실제는 노동계층에게 더 많은 이익을 배분하는 것을 지향한다는 측면에서 논리적으로 모순된다.
④ 사회구성원들에게 시간과 비용을 투자하면 그 이상의 것을 산출하여 경제적인 측면에서 사회발전에 공헌할 것이라고 기대하지만, 실제는 그렇지 못한 경우가 적지 않다.

[3] 다음 글을 읽고 물음에 답하시오.

반 보크트는 히틀러나 스탈린 등으로부터 '확신인간'이라는 인간상을 만들어냈다. 그는 이들의 비인도적 행위에 대해 이렇게 묻는다. "이런 인간의 행동에 깔려있는 동기는 도대체 무엇인가? 자기와 생각이 다른 사람을 부정직하거나 나쁜 사람이라고 단정하는데, 그러한 단정은 도대체 어디에 근거하는가? 마음속 깊이 자기는 한 점의 잘못도 범하지 않는 신이라고 믿는 것은 아닐까?"

반 보크트는 확신인간은 이상주의자라고 지적한다. 이들은 자기만의 고립된 정신세계에 살면서 현실의 다양한 측면이 자신의 세계와 어긋나고 부딪힐 때 이를 무시하려 안간힘을 쓴다. 힘을 쥐게 되면 이들은 자신이 그리는 이상적인 세계의 틀에 맞추어 현실을 멋대로 조정하려 한다.

그러나 확신인간도 아내나 자기와 밀접한 관계에 있는 사람이 그를 버리면 한순간에 심리적 공황상태에 빠져버리는 경향이 있다. 이러한 상황에 이르면 그는 완전히 기가 꺾여 앞으로는 행실을 고치겠다고 약속한다. 하지만 그렇게 해도 상황이 원상으로 복구되지 않으면 알코올 중독에 빠지거나 마약에 손을 대며 최악의 경우 자살에 이르기도 한다. 그에게 있어 근본 문제는 자기감정을 통제하지 못한다는 것과 뿌리 깊은 열등감이다. 설혹 외형적으로 성공한다 하더라도 그러한 성공이 마음속 깊은 근원적 문제에까지 영향을 미치지는 못한다.

확신인간은 결코 타인에 의해 통제받지 않겠다는 성격적 특징을 갖는다. 인간은 누구나 현실 사회에서, 특히 타인과의 관계에서 자제심을 배울 수밖에 없다. 그러나 이들은 쉽게 자제심을 잃고 미친 사람처럼 행동한다. 심각한 문제는 그 후에도 이들은 전혀 반성하지 않고 이를 '당연하다'고 생각한다는 점이다. 확신인간에게 분노와 같은 격렬한 감정의 폭발은 그의 이러한 '당연하다'는 생각을 강화한다. 당연하다는 생각은 감정폭발에 대한 자기 통제력을 약화시켜 감정폭발을 더욱 강화한다. 이러한 경향이 폭력심리의 기본이며 범죄의 기본이다.

3. 윗글로부터 '확신인간'에 대해 추론할 수 있는 것은?

① 확신인간의 폭력성은 불가피한 상황에서 우발적으로 발생한다.
② 확신인간의 감정 폭발은 자신의 폭력적 행동을 더욱 심화시킨다.
③ 확신인간은 자신을 둘러 싼 주위환경의 변화에 괴로워하지 않는다.
④ 확신인간의 교정 불가능한 폭력적 성향은 생물학적 본능에 기초하고 있다.

4. 다음 진술이 모두 참일 때, '나'에 대하여 반드시 참인 것은?

- 내가 꾸준하게 문제를 풀었다면, 풀이 속도가 빨라지고 실력이 쌓인다.
- 풀이 속도가 빨라지지 않았다면, 나는 꾸준하게 문제를 풀지 않은 것이다.
- 나는 실력이 쌓이지 않았다.

① 나는 풀이 속도가 빨라졌다.
② 나는 꾸준하게 문제를 풀지 않았다.
③ 실력이 쌓이면 꾸준하게 문제를 푼다.
④ 나는 꾸준하게 문제를 풀었지만 풀이 속도가 빨라지지는 않았다.

5. 다음 탐구 과정에서 ㉠에 들어갈 사례로 적절한 것은?

| 의문 | '자리를 바꿔(○) 앉았다.'와 '잔금을 치뤄(×) 두었다.'에서 '바꿔'와 달리 '치뤄'의 표기가 어문 규정에 어긋나는 이유는 무엇일까? |

⇩

| 탐구 | (1) 각 단어의 기본형을 찾아 활용 형태를 분석해 본다.
 • 바꾸-(다) + -어 → 바꾸어 → 바꿔
 • 치르-(다) + -어 → 치러
(2) '치러'와 같은 형태로 활용하는 사례를 찾아본다.

㉠ |

⇩

| 결과 | '치르다'를 '바꾸다'와 같이 어간이 'ㅜ'로 끝나는 사례와 혼동하였기 때문이다. '치르-'는 어간이 'ㅡ'로 끝나는 용언이므로 모음으로 시작하는 어미와 결합할 때, 'ㅡ'가 탈락한다. |

① 할머니께서 아침에 동생을 깨워 주셨다.
② 그는 자물쇠로 책상 서랍을 잠가 놓았다.
③ 오늘은 가족과 함께 고기를 구워 먹었다.
④ 언니의 얼굴이 오늘따라 몹시 하얘 보였다.
⑤ 오빠가 하는 이야기를 자세히 들어 보았다.

DAY 03 정답 및 해설   Week 2

DAY 03 |

| 1 ② | 2 ③ | 3 ② | 4 ② | 5 ② |

1. ②

정답 분석

② 2문단에 따르면, 상대적인 가치판단은 특정한 목표를 달성하려면 어떤 행위가 좋다는 것을 진술한다. 선지의 '아이를 엄격한 방식보다는 너그러운 방식으로 키우는 것이 더 좋다'에서는 '특정한 목표'가 제시되지 않았으므로, 상대적인 가치판단이라 할 수 없다.

오답 분석

① 2문단에 따르면, '아이를 엄격한 방식보다는 너그러운 방식으로 키우는 것이 더 좋다'는 절대적인 가치판단을 표현한다. 절대적인 가치판단은 경험적 진술이 아니므로 적절하다.

③ 2문단에 따르면, '아이를 엄격한 방식보다는 너그러운 방식으로 키우는 것이 더 좋다'는 절대적인 가치판단을 표현하는데, 이러한 판단은 행위의 기준이나 규범을 나타내기 때문에 과학적 테스트를 통한 입증의 대상이 될 수 없다.

④ 2문단에 따르면, '정서적으로 안정된 창조적 개인으로 키우려면, 아이를 엄격한 방식보다는 너그러운 방식으로 키우는 것이 더 좋다'는 조건부 진술이므로 상대적인 가치판단을 나타낸다.

2. ③

> **문항** 명사수의 눈
>
> 반박으로 적절하기 위해서는 전제, 연결, 결론 등 지문의 논리 전개를 어느 시점에서 '끊어'낼 수 있어야 한다. 따라서 주장하지 않은 것을 비판하는 반박은 존재할 수 없다. 반박은 언제나 반박의 대상이 되는 주장에 의존함을 유념하도록 하자.

정답 분석

③ 4문단에 따르면 인간자본론은 '교육받은 사람에게 보다 많은 보상이 주어지는 것을 정당화했'으므로 노동계층에게 더 많은 이익을 배분하는 것을 지향한다고 보기 어렵다. 그러므로 적절한 반박이라고 볼 수 없다.

오답 분석

① 2문단에 따르면 인간자본론의 대표적인 학자인 슐츠는 교육을 통해 인간의 경제적 가치가 증가하게 된다고 주장하며, 3문단에 제시된 바에 따르면 인간자본론은 교육이 인간의 생산성을 증대시키고 경제성장에 도움이 된다는 주장 아래 학업을 장려하는 논리로 5문단에 제시된 것과 같이 영향을 미쳤다. 이는 국가, 사회 발전의 수단으로 교육과 사회 구성원을 취급한 것이라고 볼 수 있으며, 교육 본연의 목적이나 인간의 존엄성에 대해서는 논의된 바 없으므로 적절한 반박이라고 판단할 수 있다.

② 2문단에서 인간자본론의 대표적인 학자인 슐츠는 교육을 통해 인간이 지식과 기술을 갖추게 될 때 경제적 가치가 증가한다면서 이와 같은 관점에서 학력에 따른 수입 차이는 교육에 의한 지식과 기술의 차이라고 설명하고 있다. 이는 교육에 따른 인지적 능력 차이가 곧 수입으로 이어져 교육과 수입 사이의 관계를 설명할 수 있다고 보는 것으로, 이 연결을 부정한다면 지문에 제시된 주장이 약화될 것이므로 적절한 반박이라고 판단할 수 있다.

④ 4문단에서 인간자본론은 인간자본에 대한 투자가 생산성 증대와 노동력 기초 형성으로 이어져 경제성장에 도움이 된다고 보고 있다. 선지 내용은 이런 지문의 주장과 반대되는 사례로서 지문의 주장을 약화할 수 있으므로 적절한 반박이라고 판단할 수 있다.

3. ②

정답 분석

② 4문단에 따르면 확신인간은 자제심을 잃고 광적인 행동을 해도 '당연하다'라고 느낄 뿐, 반성하지 않는다. 감정폭발은 이런 경향을 강화시켜 감정폭발을 더욱 강화하고 이러한 경향은 폭력심리와 범죄의 기본이 된다고 제시되고 있으므로 감정폭발은 폭력심리로 이어져 폭력적 행동을 더욱 심화시킨다고 추론할 수 있다.

오답 분석

① 4문단에 따르면 폭력심리의 기본이 되는 감정폭발은 우발적으로 불가피한 상황에서 발생하는 것이 아니라 자제심을 갖추지 못한 확신인간이 자신의 행동에 대해 반성하지 않고 '당연하다'라고 생각하는 것에서 비롯되는 것이므로 적절한 추론이라고 보기 어렵다.

③ 3문단에 따르면 확신인간도 자기와 밀접한 관계에 있는 사람이 그를 버리면 공황상태에 빠진다고 제시되고 있으므로 적절한 추론이라고 보기 어렵다.

④ 4문단에 따르면 인간은 누구나 자제심을 배울 수밖에 없음에도 불구하고 확신인간은 쉽게 자제심을 잃고 광적인 행동을 하며, 이런 행동에 대해 반성하지 않고 '당연하다'라고 느끼는 것에서 폭력심리의 기본이 되는 경향이 나타나는 것이므로 적절한 추론이라고 보기 어렵다.

4. ②

정답 분석

② 첫 번째 진술과 세 번째 진술을 통해 후건 부정을 적용하면 다음과 같은 결론을 얻는다.
첫 번째 진술: "내가 꾸준하게 문제를 풀었다면, 풀이 속도가 빨라지고 실력이 쌓인다."
세 번째 진술: "나는 실력이 쌓이지 않았다." 그러므로 후건 부정을 통해 "나는 꾸준하게 문제를 풀지 않았다."라는 결론을 얻을 수 있다.

오답 분석

① 두 번째 진술에 따르면, 꾸준하게 문제를 풀면 풀이 속도가 빨라진다.(대우) 또한 나는 실력이 쌓이지 않았다는 세 번째 진술을 통해 첫 번째 진술의 후건 부정으로 내가 꾸준하게 문제를 풀지 않았다는 것이 도출된다. 이 둘을 결합해 보면 전건 긍정으로 풀이 속도가 빨라지지 않았다는 것을 도출할 수 있다.

③ 꾸준히 문제를 풀었다면 실력이 쌓이지만, 실력이 쌓인다고 꾸준히 문제를 푸는 것은 아니다.('이'가 무조건 성립한다고 볼 수 없다.)

④ 첫 번째 진술과 세 번째 진술을 확인해 보면, 나는 문제를 꾸준하게 풀지 않았다. 따라서 적절하지 않다.

5. ②

정답 분석

② '치르다'는 모음 어미와 결합할 때 'ㅡ' 탈락을 하는 규칙 활용을 하는데, '잠그다' 또한 모음 어미와 결합할 때 'ㅡ'가 탈락하는 규칙 활용을 한다. '잠그다'의 어간에 '-아'가 결합할 때 'ㅡ'가 탈락하여 '잠가'와 같이 나타난다.

오답 분석

① '깨우다'의 어간이 모음 어미 '-어'와 결합할 때 '깨워'로 나타나는데 이는 규칙 활용이다. 'ㅡ'가 탈락하는 것과 무관하다.

③ '굽다'의 어간이 모음 어미 '-어'와 결합할 때 '구워'로 나타나는데 이는 'ㅂ' 불규칙 활용에 해당한다.

④ '하얗다'의 어간이 모음 어미 '-아'와 결합할 때 '하얘'로 나타나는데, 이는 'ㅎ' 불규칙 활용에 해당한다.

⑤ '듣다'의 어간이 모음 어미 '-어'와 결합할 때 '들어'로 나타나는데 이는 'ㄷ' 불규칙 활용에 해당한다.

Week 2

[1] 다음 글을 읽고 물음에 답하시오.

피의 순환과 심장의 펌프질, 압력 등이 그 대표적인 사례이다. 물론 신경구조도 빼놓을 수 없다. 날카로운 돌을 밟았을 때, 통증을 느끼는 이유는 발바닥에 전달된 신호가 신경계통을 거쳐 통증을 감지하는 대뇌에 전달되기 때문이다. 이 과정은 정말 흥미롭다. 생물학자들은 연구를 거듭한 끝에 신경이라는 것이 매우 얇고 복잡한 외벽을 가진 미세한 관(tube)이라는 결론에 도달했다. 이 벽을 통해서 이온이 교환되어 세포의 내부는 음이온, 외부는 양이온으로 차게 되는데, 이는 전기회로의 소자로 사용되는 축전기와 구조가 거의 비슷하다. 세포막에도 매우 흥미로운 성질이 있다. 막의 특정위치에서 변전이 일어나면(즉, 일부 이온들이 다른 위치로 이동하여 그 지점에서의 전위차가 감소하면), 그 전기적 영향이 근방에 있는 이온들에게 전달되어 순차적인 이동이 일어나는 것이다. 그래서 우리가 뾰족한 돌을 밟았을 때 발바닥의 신경들은 전기적으로 들뜬 상태가 되고, 이 상태가 이웃의 신경세포들에게 도미노처럼 전달되어 통증을 느끼게 된다. 물론 쓰러진 도미노가 다시 세워지지 않으면 더 이상의 신호를 보낼 수 없다. 따라서 우리의 신경세포는 이온을 외부로 서서히 방출하면서 그 다음의 신호에 대비하고 있다. 우리는 바로 이러한 과정을 통해 '내가 지금 무슨 일을 하고 있는지', 아니면 적어도 '어디에 서 있는지'를 알게 되는 것이다.

1. 윗글에 제시된 사례가 설명하는 주장으로 가장 적절한 것은?

① 같은 현상에 대하여 생물학과 물리학은 서로 대립되는 해석을 하고 있다.
② 동물들이 겪는 생물학적 과정은 물리적으로 설명할 수 있다.
③ 신경계통이 없어도 생명체는 존재할 수 있다.
④ 생명체의 세포 속에서는 정교한 화학반응이 끊임없이 일어나면서 하나의 화합물이 다른 여러 종의 화합물로 변해 가고 있다.

[2] 다음 글을 읽고 물음에 답하시오.

우리는 자유주의 사상의 자기중심성과 "닫혀 있음"을 극복하기 위하여 "환대"라는 개념을 활용할 수 있다. 여기서 말하는 환대는 칸트가 주장한 환대가 아니라 데리다와 레비나스가 주장한 환대를 가리킨다. 칸트의 환대 개념은 원래 "이방인을 자기 땅에 맞아들이는 자의 의무인 동시에 누구든 낯선 땅에서 적대적으로 대우받지 않을 권리"를 의미하는데, 이것은 근본적으로 "내가 손님이 될 때를 염두에 둔 대칭적 상호성 원리"에 기반을 두고 있다. 따라서 이러한 환대는 "충돌과 갈등을 자기 관점에서 조정하고자 하는 하나의 허울"에 불과하다. 왜냐하면, 그것은 "타자와 공동체 내부의 차별성"을 전제하면서 단지 "배척되지 않을 소극적 권리"만을 부여하기 때문이다. 이러한 이유로 칸트의 환대 개념은 자유주의 사상의 자기중심성과 "닫혀 있음"을 벗어날 수 없다.

자유주의의 그러한 한계를 극복하기 위해서 우리는 칸트의 환대 개념으로부터 데리다와 레비나스의 환대 개념으로 나아가야 한다. 데리다와 레비나스가 제시하는 환대 개념은 상호적 권리로서의 환대가 아니라 "무조건적이고 유보 없는 환대"를 의미한다. 그것은 "어떠한 상호적 방식의 제약도 부과하지 않는 비대칭성"에 기반을 두고 있다. 따라서 그 개념은 나와 공통된 것만을 받아들이고 타자를 자기화하려는 동일화의 지배 논리를 넘어서며, 이 점에서 자유주의의 문제를 극복할 수 있다. 결국 우리는 권리 체계 이전에 타자가 있음을 보여주는 레비나스의 타자성의 철학에 기반을 둘 때, 권리를 출발점으로 삼는 자유주의에서 벗어날 수 있다. 이렇게 자기 자리를 내어주는 타자에 대한 비대칭적 수용으로서의 환대야말로 자본주의적 교환관계와 자유주의적 이념의 문제를 해결할 수 있거나 그게 아니라면 최소한 비판할 수 있는 새로운 유토피아의 원리의 토대를 제공할 수 있다.

"나는 약자인 타자에게 나의 자리를 내주며 타자를 대접한다. 그럼으로써 나는 타자를 돕는 것이지만, 그 타자는 내가 그러한 행위를 통해 나의 경계를 넘어설 수 있도록 해줌으로써 나를 나의 경계 밖으로 이끌어 준다. 나보다 더 부족한 존재인 타자가 오히려 나를 돕는 것이다." 이러한 환대 개념은 봉사자가 도움이 필요한 사람을 일방적으로 돕기만 하는 것이 아니라 봉사를 통해 봉사자 스스로가 행복을 얻고 변화할 수 있다는 점에서 진정한 사회봉사의 이념이 될 수 있다. 헤겔의 "주인과 종의 변증법"이라는 개념을 빌어 말하면, 우리는 그것을 "주인과 이방인의 변증법", 또는 "봉사자와 도움 수요자의 변증법"이라고 표현할 수 있다.

2. 윗글의 핵심 주장을 논리적으로 반박하는 글을 쓸 때 선택할 수 있는 알맞은 전략을 〈보기〉에서 모두 고르면?

> **보기**
> ㄱ. 데리다와 레비나스의 환대 개념 역시 자기중심성을 가질 수 있다는 점에서 칸트의 개념과 큰 차이가 없음을 밝힌다.
> ㄴ. 상호적 방식의 제약이 완전히 제거된 비대칭성에 근거한 환대는 현실적으로 실현 불가능한 개념임을 밝힌다.
> ㄷ. 헤겔이 주장한 "주인과 종의 변증법" 개념은 레비나스와 데리다의 환대 개념과 직접적 관계가 없음을 밝힌다.
> ㄹ. 진정한 사회봉사 이념에 반드시 비대칭성이 요구되는 것은 아님을 밝힌다.
> ㅁ. 대칭적 상호성 원리에 기반을 둔 환대 개념은 자유주의의 적극적 자유를 보장할 수 없음을 밝힌다.

① ㄱ, ㄴ ② ㄴ, ㄹ
③ ㄷ, ㅁ ④ ㄱ, ㄴ, ㄹ

[3] 다음 글을 읽고 물음에 답하시오.

모든 역사는 '현대의 역사'라고 크로체는 언명했다. 역사란 본질적으로 현재의 관점에서 과거를 본다는 데에서 성립되며, 역사가의 주임무는 기록에 있는 것이 아니라 가치의 재평가에 있다는 것이다. 역사가가 가치의 재평가를 하지 않는다면 기록될 만한 가치 있는 것이 무엇인지를 알 수 없기 때문이다. 1916년 미국의 역사가 칼 벡커도 "㉠ 역사적 사실이란 역사가가 이를 창조하기까지는 존재하지 않는다."라고 주장하면서 "모든 역사적 판단의 기초를 이루는 것은 ㉡ 실천적 요구이기 때문에 모든 역사에는 현대의 역사라는 성격이 부여된다. 서술되는 사건이 아무리 먼 시대의 것이라고 할지라도 역사가 실제로 반영하는 것은 현재의 요구 및 현재의 상황이며 사건은 다만 그 속에서 메아리칠 따름이다."라고 하였다.

크로체의 이런 생각은 옥스포드의 철학자이며 역사가인 콜링우드에게 큰 영향을 끼쳤다. 콜링우드는 역사 철학이 취급하는 것은 '㉢ 사실 그 자체'나 '사실 그 자체에 대한 역사가의 이상' 중 어느 하나가 아니고 '상호관계 하에 있는 양자(兩者)'라고 하였다. 역사가가 연구하는 과거는 죽어 버린 과거가 아니라 어떤 의미에서는 아직도 ㉣ 현재 속에 살아 있는 과거이다. 현재의 상황 속에서 역사가의 이상에 따라 해석된 과거이기 때문이다. 따라서 과거는 그 배후에 놓인 사상을 역사가가 이해할 수 없는 한 그에게 있어서는 죽은 것, 즉 무의미한 것이다. 이와 같은 의미에서 '모든 역사는 사상의 역사'라는 것이며 또한 '역사는 역사가가 자신이 연구하고 있는 사람들의 이상을 자신의 마음속에 재현한 것'이라는 것이다. 역사가의 마음속에서 이루어지는 과거의 재구성은 경험적인 증거에 의거하여 행해지지만, 재구성 그 자체는 경험적 과정이 아니며 또한 사실의 단순한 암송만으로 될 수 있는 것도 아니다. 오히려 이와는 반대로 재구성의 과정은 사실의 선택 및 해석을 지배하는 것이며 바로 이것이야말로 사실을 역사적 사실로 만들어 놓는 과정이다.

3. 윗글의 ㉠~㉣에 대하여 잘못 이해한 것은?

① ㉠ - 역사가에 의해 재평가됨으로써 의미가 부여된 것
② ㉡ - 객관적 사실(事實)을 밝히려는 역사가의 적극적인 욕구
③ ㉢ - 역사가에 의해 해석되기 전의 객관적 사실(事實)
④ ㉣ - 역사가가 자신의 이상에 따라 해석한 과거

4. 다음 진술이 모두 참일 때, 반드시 참인 것은?

> - 여객선이 결항되면, 비행기도 결항된다.
> - 여객선이 결항되지 않으면, 입산도 금지되지 않는다.
> - 입산이 금지되지 않으면, 해수욕장도 통제되지 않는다.

① 입산이 금지되면, 비행기도 결항되지 않는다.
② 해수욕장이 통제되면, 비행기가 결항된다.
③ 비행기가 결항되지 않으면, 해수욕장이 통제된다.
④ 해수욕장이 통제되지 않으면, 여객선이 운항한다.

5. 〈보기 1〉을 참고하여, 〈보기 2〉에서 '용언의 불규칙 활용'에 대해 탐구한 결과로 적절하지 않은 것은?

보기 1

> 용언이 활용될 때 어간이나 어미의 기본 형태가 달라지는 경우를 불규칙 활용이라고 하며, 이러한 활용을 하는 용언을 불규칙 용언이라고 한다. 불규칙 활용은 크게 다음의 세 가지 유형으로 나눌 수 있다.
>
> | [유형] | [기본형] | [활용] |
> |---|---|---|
> | • 어간이 바뀌는 경우 | 묻다 | 묻고, 물어(← 묻+어)… |
> | • 어미가 바뀌는 경우 | 누르다 | 누르고, 누르러 (← 누르+어)… |
> | • 어간과 어미가 모두 바뀌는 경우 | 하얗다 | 하얗고, 하얘 (← 하얗+아)… |

보기 2

> ㄱ. <u>걸어서</u> 도착한 무진은 안개로 가득 차 있었다.
> ㄴ. 선생님이 웃는 표정을 <u>지어서</u> 분위기가 좋아졌다.
> ㄷ. 신록이 짙어지니 멀리 있는 산이 <u>푸르러</u> 보이는구나.
> ㄹ. 한 십 년쯤 세월이 <u>흘러</u> 우리가 만난다면 어떤 모습일까?
> ㅁ. 얼마나 부끄러웠는지 얼굴이 <u>빨개서</u> 묻는 말에 대답도 못 한다.

① ㄱ의 '걸어서'는 기본형이 '걷다'이므로 어간이 바뀐 경우이군.
② ㄴ의 '지어서'는 기본형이 '짓다'이므로 어간이 바뀐 경우이군.
③ ㄷ의 '푸르러'는 기본형이 '푸르다'이므로 어미가 바뀐 경우이군.
④ ㄹ의 '흘러'는 기본형이 '흐르다'이므로 어미가 바뀐 경우이군.
⑤ ㅁ의 '빨개서'는 기본형이 '빨갛다'이므로 어간과 어미가 모두 바뀐 경우이군.

DAY 04 정답 및 해설

Week 2

DAY 04
| 1 ② | 2 ④ | 3 ② | 4 ② | 5 ④ |

1. ②

> **문항** 명사수의 눈
>
> 예시는 주지에 협력한다는 점을 유념하도록 하자. 사례는 당연히 자신이 설명하는 주장과 대립되어서는 안 될 뿐만 아니라, 사례에 주지의 내용이 포함되어 있어야 한다.

정답 분석

② 지문은 날카로운 돌을 밟았을 때 통증을 느끼게 되는 까닭을 이온 교환, 농도, 이동 등을 통해 '축전기와 구조가 거의 비슷'하다는 비유와 함께 통증 신호 전달 과정을 제시하여 설명하고 있다. 따라서, 생물학적 과정을 물리적으로 설명할 수 있다는 2번 선지가 사례가 설명하는 주장으로 적절하다고 판단할 수 있다.

오답 분석

① 지문에서 서로 대립되는 해석은 찾아볼 수 없다.
③ 지문에서 신경 계통 없이 생명체가 존재할 수 있다는 주장은 찾아볼 수 없다.
④ 지문에서 하나의 화합물이 다른 여러 종의 화합물로 변해가고 있다는 내용은 제시된 바 없다.

2. ④

> **문항** 명사수의 눈
>
> '핵심 주장'을 '논리적으로 반박'하려는 글을 쓰고자 할 때 선택할 전략이라는 발문에 집중해 본다면 이 문항을 접근하는 방법을 잡을 수 있다. 먼저 해당 선지가 지문의 핵심적 주장을 반박하는 것인지가 판단 잣대가 될 것이며, 반박이 필자의 주장이 논리적으로 잘못된 것임을 보일 수 있는 것인지 그 논리성을 따지는 것이 또 하나의 잣대가 된다.
>
> 비유적인 표현과 같이 논리의 핵심이 아닌 부분을 반박하는 것은 아닌지, 필자의 논리 전개 결과, 내지는 필자가 논리를 전개한 전제를 반박하고 있는 것이 맞는지를 체크해 보도록 하자.

정답 분석

④ ㄱ. 1문단에서 칸트의 환대 개념이 아닌 데리다와 레비나스가 주장한 환대 개념을 활용해야 한다면서 그 까닭으로 칸트의 환대 개념은 필자가 극복하고자 하는 자기중심성과 '닫혀 있음'을 벗어날 수 없기 때문이라고 제시하고 있다. 그러면서 2문단에서 데리다와 레비나스의 환대 개념은 타자성의 철학이기에 문제 해결, 내지는 최소한 비판할 수 있는 토대가 된다고 필자는 주장하고 있다. 그렇다면 필자의 주장과는 달리 데리다와 레비나스의 환대 개념도 자기중심성을 갖는 것이라면 이들의 환대 개념이 자유주의의 자기중심성과 '닫혀 있음'을 해결할 수 없다. 따라서 이들의 환대가 타자성을 갖는다는 것에서 봉사활동의 이념을 찾고 있는 주장 전체가 무너지게 되므로 적절한 반박에 해당한다고 판단할 수 있다.

ㄴ. 지문에서 필자가 주장의 바탕으로 삼고 있는 데리다와 레비나스의 환대는 2문단에 따르면 '어떠한 상호적 방식의 제약도 부과하지 않는 비대칭성'에 기반을 두고 있다. 이런 '어떠한 방식의 제약도 부과하지 않는 비대칭성'이 불가능하다는 것은 필자의 주장의 근간이 되는 데리다와 레비나스의 환대 또한 성립할 수 없다는 것이 되므로 적절한 반박에 해당한다고 판단할 수 있다.

ㄹ. 필자는 칸트의 환대 개념은 자유주의의 자기중심성과 '닫혀 있음'을 극복할 수 없다면서 비대칭성에 기반을 두고 있는 데리다와 레비나스의 환대 개념이 진정한 사회봉사의 이념이 될 수 있다고 주장하고 있다. 진정한 사회봉사의 이념에 반드시 비대칭성이 요구되는 것이 아니라면, 필자의 주장과는 달리 데리다와 레비나스의 환대 개념의 필요성이 부정되는 것이므로 적절한 반박에 해당한다고 판단할 수 있다.

오답 분석

ㄷ. 마지막 문단에서 제시된 헤겔의 '주인과 종의 변증법' 개념은 필자

국어 치열하게 독하게

의 주장을 비교하여 표현하기 위한 것일 뿐, 필자의 주장의 근거나 결론인 것은 아니므로 적절하다고 볼 수 없다.

ㅁ. 필자는 지문 전체에서 자유주의의 적극적 자유를 보장해야 한다고 주장하고 있지 않으므로 핵심 주장을 반박하는 것이라고 볼 수 없다.

3. ②

> **문항 명사수의 눈**
> 이렇게 지문의 어느 한 표현을 지정하여 묻는 문항에서는 표시된 부분의 앞뒤 문장을 유심히 살펴볼 수 있도록 하자.

정답 분석

② ㉡은 1문단에서 칼 벡커가 역사적 사실이란 역사가가 창조하기 전까지 존재하지 않는 것이라고 주장하면서 역사적 판단의 기초로 제시하고 있는 것이다. 칼 벡커는 역사적 판단의 기초는 실천적 요구이기 때문에 모든 역사는 현대의 역사라면서, 서술되는 사건의 먼 과거의 것이라도 역사가 실제로 반영하는 것은 현재의 요구와 상황이라고 주장하고 있으므로 ㉡은 객관적 사실을 밝히려는 역사가의 적극적인 욕구가 아니라 현재의 상황과 요구에 해당한다고 판단할 수 있다.

오답 분석

① ㉠은 칼 벡커가 역사가가 창조하여 생긴다고 주장하고 있는 것이므로 적절하다고 볼 수 있다. 칼 벡커는 '역사가의 주임무는 기록에 있는 것이 아니라 가치의 재평가'라고 주장한 크로체와 같은 맥락에서 소개되었다.

③ 2문단에서 콜링우드는 역사 철학이 취급하는 것이 ㉢, 사실 그 자체와 사실 그 자체에 대한 역사가의 이상이라면서 재구성을 통해 사실이 역사적 사실이 된다고 보고 있으므로 적절하다고 볼 수 있다.

④ 2문단에서 콜링우드가 역사가가 연구하는 과거 ㉣, 현재 속에 살아 있는 과거라고 하는 이유는 그것이 현재 상황 속에서 역사가 자신의 이상에 따라 해석된 것이기 때문이므로 적절하다고 볼 수 있다.

4. ②

정답 분석

② 세 번째 진술에 대우를 취하면 해수욕장이 통제되면 입산도 금지된다. 따라서 해수욕장이 통제되면 전건 긍정으로 입산이 금지됨을 알 수 있다. 이를 두 번째 진술의 대우인 입산이 금지되면 여객선이 결항한다와 결합하면 전건 긍정으로 여객선이 결항함을 알 수 있다. 첫 번째 진술에 따르면 여객선이 결항되면 비행기도 결항된다.

오답 분석

① 두 번째 진술에 대우를 취하면 입산이 금지되면 여객선이 결항된다. 그런데 첫 번째 진술에 따르면 여객선이 결항되면 비행기도 결항되므로, 거짓이다.

③ 첫 번째 진술에 대우를 취하면 비행기가 결항되지 않으면 여객선도 결항되지 않는다. 따라서 두 번째 진술의 전건 긍정으로 입산이 금지되지 않음을 알 수 있다. 세 번째 진술에 따르면 입산이 금지되지 않으면 해수욕장도 통제되지 않는다.

④ 주어진 진술을 통해 여객선이 운항한다는 결론이 도출되기 위해서는 비행기가 운항해야 한다. 하지만 해수욕장이 통제되지 않으면 비행기가 운항한다는 진술은 찾아볼 수 없다. 세 번째 진술과 두 번째 진술에서 여객선이 운항한다는 결론이 도출되기 위해서는 역 명제가 참이어야 하는데, 역은 항상 참이 되지는 않으므로 적절하다고 보기 어렵다.

5. ④

정답 분석

④ '흘러'의 기본형은 '흐르다'이고, 어간 '흐르-'에 어미 '-어'가 결합하면서 어간의 'ㅡ'가 탈락하고 'ㄹ'이 덧생겨 '흘ㄹ-'이 되는 불규칙 활용이 일어난 것이다(어간이 바뀌는 불규칙 활용).

오답 분석

① '걸어서'의 기본형은 '걷다'이고, 어간 '걷-'에 어미 '-어서'가 결합하면서 어간 받침 'ㄷ'이 'ㄹ'로 바뀌는 불규칙 활용이 일어난 것이다(어간이 바뀌는 불규칙 활용).

② '지어서'의 기본형은 '짓다'이고, 어간 '짓-'에 어미 '-어서'가 결합하면서 어간 받침 'ㅅ'이 탈락하는 불규칙 활용이 일어난 것이다(어간이 바뀌는 불규칙 활용).

③ '푸르러'의 기본형은 '푸르다'이고, 어간 '푸르-'에 어미 '-어'가 결합하면서 어미 '-어'가 '-러'로 바뀌는 불규칙 활용이 일어난 것이다(어미가 바뀌는 불규칙 활용).

⑤ '빨개서'의 기본형은 '빨갛다'이고, 어간 '빨갛-'에 어미 '-아서'가 결합하면서 어간 받침 'ㅎ'이 탈락하고 어미 '-아서'가 '-애서'로 바뀌는 불규칙 활용이 일어난 것이다(어간과 어미가 모두 바뀌는 불규칙 활용).

DAY 05

Week 2

[1] 다음 글을 읽고 물음에 답하시오.

아우구스티누스의 철학에서 우선적으로 다루어진 문제는 행복한 삶이란 무엇이며, 그것은 어떻게 획득할 수 있는가 하는 물음이다. 그의 논의는 다음과 같이 전개된다.

행복이란 무엇인가에 의존하여 성립하는 것이다. 왜냐하면 만약에 어느 것에도 의존하지 않는다면, 우리는 자족하게 되므로 아무것도 추구하려 하지 않을 것이기 때문이다. 그러면 우리가 추구해야 하는 대상은 어떤 것인가? 그것은 우선적으로 영속하는 어떤 것이어야 한다. 우리는 어떤 것을 소유했을 때 행복감을 느끼고 그것을 잃었을 때 불행해지므로, 불행하다고 느끼게 되는 경우에는 다시 그것을 추구하려 할 것이기 때문이다. 따라서 늘 행복하기 위해서는 영속적이고 우리와 필연적 관계에 있는 어떤 것이 필요하다. 그런데 우리와 필연적 관계를 맺는 영속적인 것은 신이다. 따라서 우리가 행복해지기 위해 추구해야 하는 대상은 신이다.

따라서 아우구스티누스는 진리의 인식이 참된 행복, 참된 지복을 가져다주는 것으로서 추구되어야 한다는 사실을 강조한다. 인간은 자신의 부족함을 느끼고 자기 자신보다 더욱 위대한 대상, 즉 평화와 행복을 가져다 줄 수 있는 하나의 대상을 잡으려고 손을 뻗는다는 것이다. 그리고 이러한 대상에 대한 인식은 평화와 행복을 달성하기 위한 필수 조건이다. 따라서 현명한 자만이 행복할 수 있으며, 지혜는 진리의 인식을 요구한다. 또한 그 진리는 영원하고 불변하는 것이다. 이와 같이 영원한 진리의 인식은 신에 대한 인식으로 이끌어진다는 것이다.

그렇다면 진리의 인식은 어떻게 가능한가? 아우구스티누스는 "진리를 인식하는 것이 불가능하다."라고 주장하던 당시의 회의주의에 맞서 자기존재의 확실성을 주장한다. 즉 그는 우리가 속을 수 있는 존재임을 인정한다. 그렇지만 그렇게 속는다는 것은 속을 수 있는 또는 속는 존재가 있다는 것을 의미한다. 내가 속는다는 것은 나의 존재가 있다는 것을 전제한다는 것이다. 이러한 자기 인식의 확실성은 진리 인식의 확실성의 토대이다. 결국 진리란 다른 아무것에도 의존하지 않고 존립하는 객관적인 초월자로 생각되며 그러한 초월자는 신이기 때문에, 인간이 추구하는 궁극적인 진리는 바로 신에 대한 앎이다. 그렇기 때문 에 참된 진리를 추구한다는 것은 신을 추구한다는 것이며, 그렇게 함으로써 마침내 우리는 행복을 획득하게 된다.

1. 윗글을 읽고 추론할 수 있는 것을 〈보기〉에서 모두 고른 것으로 적절한 것은?

보기

ㄱ. 유한한 인간과 영속적인 신의 관계는 필연적이다.
ㄴ. 인간이 살아가는 이 세상에서 진리의 획득이란 불가능하다.
ㄷ. 현명한 인간이란, 영원하고 불변하는 신에 대한 앎을 가진 사람이다.
ㄹ. 자기 인식의 확실성은 내가 누구에게도 속지 않는다는 주체성에서 비롯된다.

① ㄱ
② ㄱ, ㄴ
③ ㄱ, ㄷ
④ ㄷ, ㄹ

[2] 다음 글을 읽고 물음에 답하시오.

(가) 테일러는 여성에게 권리가 있다고 생각한다면 한 걸음 더 나아가 동물에게도 권리를 인정해야 할 것이라고 말함으로써 여성권리옹호 논의를 반박하고자 했다. 그의 논거는 대략 다음과 같았다. ㉠여성의 평등에 관한 논증이 건전하다면, 그와 같은 논증은 동물에게도 적용될 것이다. 하지만 ㉡그 논증이 동물에게 적용된다면, 동물도 권리가 있다고 해야 한다. 그러나 동물은 권리를 갖지 않는다. ㉢따라서 여성의 평등에 관한 논증은 건전하지 못하다. 이상의 공격에 대항하여 여성의 권리를 옹호하고자 한다면, 어떤 답변을 제시해야 할 것인가?

(나) 먼저 남녀 평등을 옹호하는 논변을 인간 아닌 동물에까지 확장하는 것은 옳지 않다고 답할 수 있을 것이다. 가령 여성들에게는 투표권이 있다. 왜냐하면 그들은 남성들과 마찬가지로 미래에 대한 합리적인 결정을 내릴 능력이 있기 때문이다. 반면 개들은 투표의 중요성을 이해하지 못하며, 따라서 그들에게는 투표권이 없다. 남녀의 유사성은 수없이 많이 열거할 수 있는 반면 인간과 동물 사이에는 커다란 차이가 있다. 결론적으로 남녀는 유사한 존재이며, 이에 따라 유사한 권리를 가져야 함에 반해 인간과 인간 아닌 존재는 서로 다르며, 따라서 동등한 권리를 가질 수 없다.

(다) 여성의 권리 옹호를 비꼬려는 테일러의 시도에 대응하는 또 다른 방법이 있다. 그것은 인간과 인간 아닌 존재들 간의 분명한 차이를 부인하지는 않지만, 평등의 문제를 더 깊이 탐구해 들어가서 소위 동물에게 평등이라는 기본권을 적용하는 데 아무런 문제가 없다고 결론을 내리는 것이다.

2. 윗글에 대한 평가로 적절한 것은?

① 밑줄 친 논증에서 ㉠과 ㉡이 참이라고 해도 ㉢이 반드시 참이 되지는 않는다.
② 밑줄 친 형태의 논증은 "지훈이의 증언이 옳다면 현철이가 범인이다. 그런데 지훈이의 증언은 옳지 않다. 따라서 현철이는 범인이 아니다."와 같은 형태를 지닌다.
③ 밑줄 친 형태의 논증은 "주말에 비가 오면, 영희는 소풍을 가지 않는다. 그런데 주말에 비가 왔다. 따라서 영희는 소풍을 가지 않았다."와 같은 형태를 띤다.
④ (나)는 밑줄 친 논증에 나오는 전제 ㉠을 비판하는 것이다.

[3] 다음 글을 읽고 물음에 답하시오.

자연상태에서 인간은 신체적으로나 정신적으로나 평등하다. 간혹 다른 사람보다 강한 신체를 지니거나 영리한 사람이 발견될지라도, 전체적인 면을 종합해서 평가하면 사람과 사람의 차이란 내가 주장할 수 없는 이익을 다른 사람이 주장할 수 있을 만큼 크지 않다. 신체의 강함에서 본다면 가장 약한 사람도 같은 위험에 처한 다른 사람들과 연합해서 가장 강한 자를 죽이기에 충분한 힘을 갖고 있기 때문이다. 그리고 정신적인 면에서도 사람들의 능력이 평등하다는 점은 더욱 더 분명해진다. (…)

인간의 능력이 평등하므로 자신의 목적을 달성하려는 희망 또한 평등하다. 두 사람이 동일한 대상을 소유하고 싶은 욕구를 가졌는데 모두 그 욕구를 충족시킬 수 없을 때, 이들은 적이 된다. 그리고 대부분 자신의 생존이나 쾌락만을 추구하려는 목적 달성의 과정에서 다른 사람을 죽이거나 굴복시키고자 한다. 이렇게 서로 믿지 못하기 때문에 자신을 보호하는 가장 이상적인 방법은 선수를 치는 것이다. 즉 상대방이 자신을 위태롭게 할 만큼의 힘을 지니고 있지 않다면, 폭력이나 술책으로 가능한 한 많은 사람들을 지배하는 것이다. 따라서 사람에 대한 지배를 확대시키는 것은 인간의 생존에 필요한 요소이기 때문에 모든 이에게 허용되어야 한다. 다른 사람을 공격함으로써 자신의 힘을 늘리지 않고 단지 수세적 입장만을 취한다면 그는 생존할 수 없기 때문이다.

3. 윗글의 내용과 부합하지 않는 것만을 〈보기〉에서 있는 대로 고른 것은?

보기

ㄱ. 자연상태에서 인간이 가진 경쟁심은 다른 사람의 신체나 가족 또는 재산을 지배하기 위한 공격성의 원인이 된다.
ㄴ. 자연상태에서 자기 확신이 있다면 다른 사람을 공격할 수 있지만 사람들은 자기 확신이 부족하기 때문에 공격하지 않을 것이다.
ㄷ. 자연상태에서 모든 사람을 공포에 떨게 할 절대적인 힘이 없기 때문에 사람들은 만인에 대한 만인의 투쟁 상태에서 벗어날 수 없을 것이다.
ㄹ. 자연상태에서 인간은 신체적·정신적으로 유사하기 때문에 이성에 따라 협력할 수 있다.

① ㄱ, ㄴ
② ㄴ, ㄷ
③ ㄴ, ㄹ
④ ㄷ, ㄹ

4. 다음 진술이 모두 참일 때, '화성 탐사'에 대하여 반드시 참인 것이 아닌 것은?

> - 화성 탐사가 이루어지면, 물의 흔적도 발견되고 화성의 구조도 밝혀진다.
> - 화성 표면에서 퇴적흔이 발견되면, 화성 탐사가 이루어진 것이다.
> - 물의 흔적은 발견되지 않았다.
> - 화성 탐사가 이루어지지 않았다면, 로켓 발사가 실패한 것이다.

① 화성 구조는 밝혀지지 않았다.
② 퇴적흔은 발견하지 못했다.
③ 화성 탐사는 이루어지지 않았다.
④ 로켓 발사는 실패했다.

DAY 05　　　Week 2

5. (가)는 학생의 메모이고, (나)는 추가로 조사한 자료이다. (가)와 (나)를 참고하여 〈보기〉에 대해 탐구한 것으로 적절하지 않은 것은?

(가) 두 용언이 연결 어미로 이어진 경우

유형	특징
본용언 + 본용언	• 각각의 용언이 주어와 호응한다. • 두 용언 사이에 다른 문장 성분이 올 수 있다. • 반드시 띄어 쓴다.
본용언 + 보조 용언	• 앞의 용언만으로 문장이 성립되고, 뒤의 용언만으로는 문장이 성립되지 않는다. • 보조 용언은 띄어 쓰는 것이 원칙이지만 경우에 따라 붙여 쓰는 것도 허용한다.
합성 동사	• 국어사전에 하나의 단어로 등재되어 있다. • 반드시 붙여 쓴다.

(나) 표준국어대사전 검색 결과

▼ 표준국어대사전 검색
• '집어먹다'에 대한 검색 결과입니다. (1건)
　집어–먹다 「동사」 【…을】
　「1」 남의 것을 가로채어 제 것으로 만들다.
　「2」 겁, 두려움 따위를 가지게 되다.

• '잊어먹다'에 대한 검색 결과입니다. (0건)

┌─ 보기 ─
• 온순했던 청년들은 지레 겁을 ㉠집어먹었다.
• 나는 시험 준비를 하느라 잠자는 것도 ㉡잊어 먹었다.
• 그는 그녀에게 진 빚을 갚기 위해 공금을 ㉢집어먹었다.
• 그는 굶주림에 지쳐 땅 위에 버려진 빵을 ㉣집어 먹었다.
• 그들은 서로 만나기로 했던 사실을 새까맣게 ㉤잊어먹었다.

① ㉠은 국어사전에 단어로 등재되어 있는 합성 동사이므로 두 용언을 붙여 쓴 것이겠군.
② ㉡은 뒤의 용언만으로 문장이 성립되지 않으므로 원칙에 따라 두 용언을 띄어 쓴 것이겠군.
③ ㉢은 각각의 용언이 모두 주어인 '그는'과 호응하고 있으므로 두 용언을 붙여 쓴 것이겠군.
④ ㉣은 두 용언 사이에 '허겁지겁'과 같이 다른 문장 성분이 올 수 있으므로 두 용언을 띄어 쓴 것이겠군.
⑤ ㉤은 사전에 등재된 단어가 아니고, 뒤의 용언만으로 문장이 성립하지 않으므로 두 용언을 띄어 써야 하지만 붙여 쓴 것을 허용한 것이겠군.

MEMO

DAY 05 정답 및 해설

Week 2

DAY 05

| 1 ③ | 2 ④ | 3 ③ | 4 ① | 5 ③ |

1. ③

> **문항** 명사수의 눈
>
> 이 지문에서는 주술 관계를 통한 정보의 분절적 파악이 선지 판단에 도움이 되었을 것이다. 이렇게 "A와 B인 것은 C"와 같은 형태로 제시될 때, 주술 관계를 활용하여 C에 A와 B라는 속성이 있다는 식으로 정리해 줄 수 있으면 이 중 일부만을 묻거나, 순서를 바꾸어 일견 달라 보이게 선지가 제시되었을 때 빠르게 판단하는 데 도움이 될 것이다.

정답 분석

③ ㄱ. 2문단에 따르면 늘 행복하기 위해서는 영속적이고 우리와 필연적인 관계에 있는 어떤 것이 필요한데, 이것에 해당하는 것이 신이므로 적절하다고 판단할 수 있다.

ㄷ. 3문단에 따르면 아우구스티누스는 '평화와 행복을 가져다 줄 수 있는 하나의 대상'에 대한 인식은 행복을 위한 필수 조건이며, 따라서 현명한 자만이 행복할 수 있다고 본다. 이때 지혜는 진리의 인식을 요구하며, 진리는 영원하고 불변하는 것으로 신에 대한 인식으로 이끌어지는 것이므로 적절하다고 판단할 수 있다.

오답 분석

ㄴ. 4문단에 따르면 아우구스티누스는 진리를 인식하는 것이 불가능하다고 주장하던 당시의 회의주의에 맞선 이로, 진리 인식의 확실성의 토대인 자기 인식의 확실성을 제시하였으므로 적절하다고 볼 수 없다.

ㄹ. 4문단에 따르면 아우구스티누스는 우리가 속을 수 있는 존재임을 인정하고 있다. 또한 아우구스티누스의 자기 인식의 확실성은 속는다는 것은 속는 존재가 있다는 것을 의미하므로 내가 속는다는 것은 나의 존재가 있다는 것을 전제한다는 것에서 도출된 것이므로 적절하다고 보기 어렵다.

2. ④

> **문항** 명사수의 눈
>
> 이 문항의 발문이 '윗글에 대한 평가'임을 유념하도록 하자. 이 글을 읽고 이 글에 대해 평가하라는 것이므로 (가)에서 밑줄로 제시된 논변에 대한 두 가지 반박 (나)와 (다)를 적극적으로 활용하는 것이 좋다. 또 이 밑줄로 제시된 논변이 ㉠~㉢으로 구분되고 있는 점에 주목할 수 있었다면 ②~③번 선지 판단이 더욱 용이했을 것이다. 이렇게 각 단계가 구분된다는 것은 이 단계의 흐름을 묻는 선지를 출제할 수 있다는 길라잡이가 될 수 있다. 이렇게 세부적으로 과정이 제시된 경우에는 그 흐름을 더 주의 깊게 살펴볼 수 있도록 하자.

정답 분석

④ (나)는 남녀 평등을 옹호하는 논변을 인간이 아닌 동물에까지 확장하는 것은 옳지 않다는 답변이다. 이는 ㉠, '여성에 관한 논증이 건전하다면 그와 같은 논증은 동물에게도 적용될 것이다'라는 전제가 적절하지 않다는 답변이므로 적절하다고 판단할 수 있다.

오답 분석

① 지문에 제시된 테일러의 논변에 대한 두 비판 모두 두 전제 중 하나를 공격해 결론이 적절하지 않다고 하고 있을 뿐, 전제가 모두 맞더라도 결론이 틀릴 수 있다는 것은 아니다. (나)는 ㉠을, (다)는 ㉡을 비판하고 있다.

② 해당 선지는 'A → B이다. 그런데 ~A이다. 따라서 ~B이다.'라는 형태를 가지고 있다. 밑줄 친 논변은 'A → B이다. 그런데 ~B이다. 따라서 ~A이다.'라는 구조이므로 적절하다고 볼 수 없다.

③ 해당 선지는 'A → B이다. 그런데 A이다. 따라서 B이다.'라는 형태를 가지고 있다. 밑줄 친 논변은 'A → B이다. 그런데 ~B이다. 따라서 ~A이다.'라는 구조이므로 적절하다고 볼 수 없다.

3. ③

> **문항** 명사수의 눈
>
> ㄷ 선지와 관련된 판단이 다소 직접적이지 않다고 느꼈을 수 있다. 지문에서 '만인에 대한 만인의 투쟁 상태'와, 그것의 종결 조건이 직접적으로 명시되지 않았기 때문이다. 하지만 2문단에서 인간이 왜 '적'이 되어 '다른 사람을 공격'하는 것인지 파악할 수 있었다면 이런 폭력이나 술책을 사용하지 않는 조건을 만족하면 투쟁을 멈출 수 있을 것임을 알 수 있다. 또한 모든 사람을 위태롭게 할 수 있는 만큼의 힘을 갖는 존재가 있다면, 이 존재가 모든 이를 지배할 수 있을 것이므로 지배당하는 모든 사람 간의 투쟁을 멈출 수 있을 것이라고 판단할 수 있었을 것이다.

정답 분석

③ ㄴ. 2문단에 따르면 인간은 자신의 생존이나 쾌락만을 추구하려는 과정에서 다른 사람을 죽이거나 굴복시키고자 한다. 그러나 다른 사람을 공격함으로써 자신의 힘을 늘리지 않고 단지 수세적 입장만을 취한다면 생존할 수 없으므로 자기 확신이 부족해 다른 사람을 공격하지 않을 것이라고 볼 수 없다.

ㄹ. 2문단에 따르면 자연상태에서 인간은 신체적, 정신적으로 유사하기 때문에 목적을 달성하려는 희망 또한 평등하다. 대부분의 인간은 자신의 생존이나 쾌락만을 추구하는 목적 달성 과정에서 다른 사람을 죽이거나 굴복시키고자 하며, 폭력이나 술책으로 가능한 많은 사람을 지배하려 하므로 이성으로 협력할 수 있다는 내용은 지문과 부합한다고 보기 어렵다.

오답 분석

ㄱ. 2문단에 따르면 자연상태에서 인간은 신체적, 정신적으로 평등하기 때문에 목적을 달성하려는 희망 또한 평등하다. 이 때문에 발생하는, 두 사람이 동일한 대상을 소유하고 싶은 욕구를 가졌는데 모두 그 욕구를 충족시킬 수 없을 때 이들이 적이 되는 현상은, 인간이 가진 경쟁심을 잘 드러낸다. 또한 대부분의 인간은 자신의 생존이나 쾌락만을 추구하는 목적 달성 과정에서 다른 사람을 죽이거나 굴복시키고자 하며, 폭력이나 술책으로 가능한 많은 사람을 지배하려 하므로 적절하다고 판단할 수 있다.

ㄷ. 명사수의 눈에서 언급한 것과 같이, 2문단에 따르면 폭력이나 술책으로 가능한 많은 사람을 지배하려고 하는 것은 '상대방이 자신을 위태롭게 할 만큼의 힘을 지니고 있지 않'은 경우이다. 하지만 1문단에 따르면 '자연상태에서 인간은 신체적으로나 정신적으로나 평등'하므로, 자연상태에서는 모든 사람을 공포에 떨게 할 절대적인 힘이 없기 때문에, 사람들은 만인에 대한 만인의 투쟁 상태에서 벗어날 수 없을 것이라고 판단할 수 있다.

4. ①

정답 분석

① 세 번째 진술 물의 흔적은 발견되지 않았다를 통해 첫 번째 진술을 후건 부정하면 화성 탐사가 이루어지지 않았음을 알 수 있다.(③번 참) 아울러, 화성 탐사가 이루어지지 않았다면 두 번째 진술에 후건 부정이 적용될 수 있다. 그러면 화성 표면에서 퇴적흔이 발견되지 않았음을 도출할 수 있다.(②번 참) 나아가, 화성 탐사가 이루어지지 않았으므로, 네 번째 진술을 전건 긍정하여 로켓 발사가 실패했음을 알 수 있다.(④번 참) 그러나, 첫 번째 진술에 의해서 화성 탐사가 이루어지면 화성의 구조가 밝혀진다는 것과 대우를 취하면 물의 흔적이 발견되지 않거나, 화성의 구조가 밝혀지지 않으면 화성 탐사가 이루어지지 않은 것임을 알 수 있을 뿐, 위의 진술들에 의해서 화성의 구조가 밝혀지지 않았음을 타당하게 추론할 수는 없다. 화성의 구조는 다른 경로로 밝혀지더라도 물의 흔적이 발견되지는 않았다면 첫 번째 진술의 대우와 모순되지 않는다는 점에 주의하자. 화성 탐사가 이루지지 않았다는 것에서 바로 화성의 구조가 밝혀지지 않는다는 것을 도출하기 위해서는 첫 번째 진술의 이가 참이어야 하는데, 이는 항상 참이 되지는 않는다.

5. ③

정답 분석

③ ㉢의 '집어먹다'는 (나)의 사전 검색 결과를 적용해 보면 표제어 '집어먹다'의 「1」 뜻 '남의 것을 가로채어 제 것으로 만들다.'에 해당한다. 따라서 합성 동사이다. '집다'와 '먹다'가 각각의 용언이라는 선지의 서술은 '본용언+본용언'의 특징에 대한 설명이고 이 경우 둘은 반드시 띄어 쓴다. ㉢은 합성 동사고 합성 동사는 반드시 붙인다. 그러므로 선지의 서술은 적절하지 않다.

오답 분석

① ㉠은 (나)에 따르면 표제어 '집어먹다'의 「2」 뜻 '겁, 두려움 따위를 가지게 되다.'에 해당한다. 따라서 ㉠은 합성 동사이고 반드시 붙여 쓴다.

② ㉡은 '잊다'라는 용언만으로 문장이 성립되고, '먹다'로는 문장이 성립되지 않으므로 '본용언+보조 용언'의 구성이다. '본용언+보조 용언'은 띄어 쓰는 것이 원칙이고, 경우에 따라 붙임도 허용한다.

④ ㉣은 '집어'와 '먹다' 사이에 '허겁지겁'을 넣어 문장을 성립시킬 수 있다. 따라서 '본용언+본용언'의 구성이다. 이 경우는 반드시 띄어 써야 한다.

⑤ ㉤은 사전에 등재되지 않았고, 뒤의 용언만으로 문장이 성립하지 않으므로 '본용언+보조 용언'의 구성이다. 띄어 쓰는 것이 원칙이지만 붙임도 허용하기 때문에 선지의 서술은 적절하다.

국어
치열하게
독하게

WEEK 3

2026년도 **공무원** 데일리 유대종 **시즌 2**

[1] 다음 글을 읽고 물음에 답하시오.

자유의 개념을 시민권이라는 관점에서 접근할 때, 그리스, 특히 아테네와 로마의 역사적 경험이 보여 주는 가장 명백한 차이의 하나는 통치권의 확대 범위에 관련된다. 아테네가 통치의 권한을 성년 남자 시민의 자유의 일환으로 평준화했다면, 로마에서는 그것이 항상 소수 특권층에 제한되어 있었다. 이는 로마의 문헌들에 나타나는 그리스어의 '자유'(eleutheria)와 '평등한 권리'(isonomia)에 상응하는 개념들이 그리스에서와 달리 결코 민주적 평등주의 원칙을 전제로 한 것이 아니라는 점에 잘 반영되어 있다. 로마의 문필가 키케로는 『공화국론』에서 다음과 같이 말한다. "실로 자유로운 인민이 환영하는 저 평등한 권리라는 것은 용납될 수 없습니다. (…) 평등이라 불리는 그것은 참으로 불평등한 것입니다. 모든 인민 가운데 최상의 부류와 최하의 부류가 있기 마련인데, 그들이 같은 영예를 누린다면, 그 평등이야말로 불평등한 것입니다." "아무리 정의롭고 절제된 인민이 만사를 운영한다 해도, 권위에 아무런 차등이 없다면, 평등 자체가 불평등한 것입니다." 더 큰 권위를 갖춘 자가 더 큰 영예를 누린다는 것은 곧 열등한 자들을 다스릴 권리를 갖는다는 것으로 공직의 기회를 뜻했다. 따라서 로마에서 시민이 평등한 자유와 권리를 갖는다는 것은 민회에서의 투표권과 같은 소극적 참정권을 뜻하거나, 공직자의 직권에 의한 부당행위에 대한 항소권처럼 기본권의 보호를 법에 호소하는 것, 즉 '법률적 평등'을 가리키는 데 불과했다.

로마의 원로원은 공직을 역임한 시민으로부터 호선의 방식으로 구성되는 정무기구였다. 따라서 원로원이 행정 관직이나 민회 같은 공화정의 다른 정무기구보다 더 우월한 통치의 권위를 주장한 것은 당연한 결과였다. 즉, 국사(國事)는 자유로운 인민보다 원로원의 권위에 입각하여 운영되던 것이 로마 공화정의 전통이었다. 원로원의 권위란 곧 다스릴 자유를 가진 자들이 지닌 권위의 총합이었다. 달리 말하면, 원로원은 영예와 위엄을 두고 경쟁하는 권력 엘리트들의 조합 같은 것이었다. 그러나 정작 원로원은 내부적으로 단일하고 균질적인 조직이 아니었다. 그 구성원들 사이에 위엄의 수준차가 컸으며, 그 차이는 로마가 확대됨에 따라 커져갔다. 국가의 정책은 귀족이라 불리는 몇 가문과 그것을 핵으로 형성된 파당들에 의해 좌우되는 경향이 농후했다. 원로원의 역사는 가문 혹은 파당들 간의 경쟁으로 점철되어 있었지만, 그 경쟁이 전통으로 굳어진 불문율을 크게 벗어나지 않는 한 원로원의 권위는 지켜졌다. 하지만 공화정기 마지막 1세기 동안 상황은 달라졌다. 가문과 파당의 과두 독점에 도전하는 세력이 '민중파'(populares)의 출현이 주된 이유였다. 그들 역시 다스릴 권리를 주장한다는 점에서는 다를 바 없었으나, 더 이상 기존의 경쟁 규칙과 원로원의 권위를 존중하지 않았다는 것이 특징이었다. 그들은 원로원의 권위에 맞서 인민 자유의 신장을 구호로 내세웠다. '자유와 권위 사이의 경쟁'이라는 역사가 리비우스의 표현은 공화정 말의 그런 양상을 잘 집약하고 있다.

1. 윗글의 내용과 부합하는 것으로 적절하지 않은 것은?

① '자유와 권위 사이의 경쟁'이라는 말에서 자유는 법률적 평등을, 권위는 전통적 통치권의 확대를 의미한다.
② 로마 공화정은 원로원을 중심으로 활동하며 국사를 결정하고 중요한 직책을 과점하는 권력 엘리트들에 의해 운영되었다.
③ 아테네 민주정에서 참정권은 자유라는 개념에 기초하고 있으나, 로마 공화정에서 참정권은 권위라는 개념에 기초하고 있다.
④ 로마 공화정에서는 공직의 기회를 독과점한 귀족과 소극적 참정권이나 항소권 같은 일부 권리를 확보한 평민 사이에 일종의 타협이 존재하였다.

[2] 다음 글을 읽고 물음에 답하시오.

수나 집합, 함수와 같은 추상적 대상들의 존재론적 지위와 관련하여 여러 가지 입장이 있다. 강한 유형의 실재론자는 책상이나 의자와 같은 구체적 대상들이 우리 세계에 존재하듯이 수와 같은 추상적 대상들도 우리 세계에 존재한다고 주장한다. 구체적 대상과 달라서 우리는 그런 대상을 감각으로 지각할 수 없다는 차이가 있을 뿐 추상적 대상이나 구체적 대상 모두 우리 세계에 존재한다는 점에서 전혀 다르지 않다는 것이다. 한편 약한 유형의 실재론자는 그러한 대상들이 물리적 대상과 나란히 우리 세계에 존재한다고 말할 수는 없지만 그럼에도 불구하고 추상적 대상은 우리와 독립해서 존재한다고 주장한다. 반면 약한 유형의 반실재론자는 추상적 대상들이 존재한다는 점을 인정하기는 하지만 그럼에도 불구하고 그것들은 우리 인간의 구성물이라고 주장한다. 강한 유형의 반실재론자는 추상적 대상들이란 단지 그 이름만 있을 뿐 세계 어디에도 존재하지 않는다고 주장한다.

2. 윗글의 설명에 따를 때, 〈보기〉에서 반드시 참인 것과 반드시 거짓인 것을 모두 고르면?

보기

ㄱ. 영수가 수 2가 존재한다고 주장한다면, 영수는 강한 유형의 실재론자이다.
ㄴ. 영수는 수 2가 존재한다고 주장하지만 강한 유형의 실재론자가 아니다.
ㄷ. 영수가 강한 유형의 반실재론자라면, 영수는 수 2가 존재한다고 주장하지 않는다.
ㄹ. 영수는 강한 유형의 반실재론자이지만 수 2가 우리와 독립해 존재한다고 주장한다.
ㅁ. 영수가 수 2가 책상처럼 존재한다고 주장하지는 않는다면, 영수는 약한 유형의 실재론자이다.

① ㄱ, ㄴ
② ㄱ, ㅁ
③ ㄴ, ㄷ
④ ㄷ, ㄹ

[3] 다음 글을 읽고 물음에 답하시오.

　자본과 강압은 한 가지 이상의 조합으로 유럽 국가들의 각 성장 단계에 등장했다. 우리는 국가 형성으로 나아가는 강압집약적인 진로, 자본집약적인 진로, 자본화된 강압 진로를 분간해 낼 수 있을 것이다. 서로 매우 다른 환경들에서 비슷한 목적들 특히 성공적인 전쟁 준비를 착실히 추진하고 있는 통치자들은 그들 영토 안의 주요 사회 계급들과 독특한 관계를 형성함으로써 환경에 대처했다. 통치자와 피통치자 간의 관계를 재형성하는 것은 대조적인 정부 형태를 생성해냈는데 각 정부형태는 어느 정도 그 사회적 환경에 맞추어 만들어졌다.

　강압집약적인 양식의 경우 통치자들은 자신의 백성들과 그들이 정복한 여타 민족들로부터 전쟁 수단을 짜냈다. 그리고 그 과정에서 방대한 추출 구조를 건립했다. 브란덴부르크와 러시아는 특히 조공을 받는 제국 단계에 있을 때 강압집약적인 양식을 예증해 준다. 그러나 강압집약적인 양식의 극단에서 무장한 지주들이 너무도 많은 권력을 휘둘렀기 때문에 그들 중에서 아무도 그 외의 지주들에 대해 지속적인 지배권을 수립할 수 없었다. 수세기 동안 폴란드와 헝가리의 귀족들은 실제로 그들 자신의 왕들을 선출했으며 왕들이 지나치게 최고권력을 장악하려고 했을 때는 물러나게 했다.

　자본집약적인 양식의 경우 통치자들은 군사력을 빌리거나 구매하기 위하여 자본가들(그들은 조심스럽게 자신들의 이해관계를 보존했다)과의 협약에 의존했으며 그렇게 함으로써 영구적인 방대한 국가구조를 건조하지 않고도 전쟁을 치러냈다. 도시 국가들, 도시 제국들, 도시 연방들, 그 밖의 분할된 주권 형태들은 흔히 이러한 변동 진로로 접어들었다. 제노바, 두브로브니크, 네덜란드 공화국, 그리고 한때의 카탈로니아가 자본집약적인 양식의 사례들이 된다. 네덜란드 공화국의 역사가 예증하듯이 이 양식은 그 극단에서는 상당히 자율적인 도시 국가들의 연방을 생성했으며 그 연방들이 국가 정책을 둘러싸고 끊임없이 협상을 벌이도록 했다.

　자본화된 강압 양식의 경우에 통치자들은 위의 각 양식 중 몇 가지를 실행했지만 자본집약적인 이웃 통치자들이 국가 구조에 직접 자본가들과 자본원을 편입시키기 위해 애쓴 것보다 그 일에 더 주력했다. 자본을 쥐고 있는 사람들과 강압을 쥐고 있는 사람들은 비교적 평등에 입각해서 상호 교섭했다. 프랑스와 잉글랜드는 점차 자본적인 강압 양식을 따랐으며 그 양식은 강압집약적인 양식과 자본집약적인 양식보다 더 일찍 완전히 발전한 국민국가들을 생성해냈다. 특히 전쟁과 전쟁준비에 의한 국제 경쟁의 압력에 밀려서 세 가지 진로는 모두 990년경에 시작되었던 다양한 비율의 조합형들 가운데서 마침내 자본과 강압의 집중 유형들로 수렴했다. 17세기부터 줄곧 자본화된 강압 형태는 전쟁에서 한층 더 효과적임을 입증했으며 그래서 이 유형은 다른 강압과 자본의 조합형들에서 기원했던 국가들에게 무시해버릴 수 없는 하나의 모델을 마련해 주었다. 더욱이 19세기부터 최근까지 모든 유럽 국가들은 사회 하부 구조를 건설하고 서비스를 제공하며 경제활동을 규제하고 인구 이동을 통제하며 시민들의 복지를 보장하는 일에 그 전보다 훨씬 더 깊이 관여했다.

국어 치열하게 독하게　　　　　　　　　　　　　

3. 윗글의 내용과 부합하지 않는 것을 〈보기〉에서 모두 고른 것은?

보기

ㄱ. 여러 가지 국가 발전의 양식은 주로 지배자와 피지배자 간의 정치적 권력 관계에서 비롯되었다고 할 수 있다.

ㄴ. 러시아의 귀족들은 때로 왕을 물러나게 할 수 있는 힘을 가지고 있었는데, 이는 왕이 자신들의 지속적인 지배권을 수립하려는 시도에서 비롯되었다.

ㄷ. 자본화된 강압은 강압집약적인 양식과 자본집약적인 양식의 중간 형태라 할 수 있는데 이는 자본과 강압이 동등하게 상호작용을 했기 때문이다.

ㄹ. 세 가지의 양식 중에서 자본화된 강압은 전쟁의 준비와 수행에서 가장 효과적인 형태로 발전하면서 대표적인 국가 발전의 양태 중 하나가 되었다.

ㅁ. 전쟁은 국제경쟁을 통한 국가 발전의 양태를 결정하는 데 결정적인 역할을 담당하였다. 다시 말해서 국가 발전의 원동력은 결국 전쟁과 전쟁준비였다.

① ㄱ, ㄴ　　② ㄱ, ㅁ
③ ㄴ, ㄷ　　④ ㄷ, ㄹ

Week 3

4. 전염성이 매우 높아 면역이 없으면 반드시 감염되는 바이러스 X와 철수, 영희, 견우, 직녀 네 명이 있다. 다음 진술이 참이라고 할 때, X 바이러스가 감염시킬 수 있는 사람은?

> ㄱ. X 바이러스는 견우를 감염시키지 않는다.
> ㄴ. X 바이러스는 영희를 감염시키거나 견우를 감염시킨다.
> ㄷ. X 바이러스가 직녀를 감염시키지 않으면 철수를 감염시킨다.
> ㄹ. X 바이러스가 영희를 감염시킨다면 직녀를 감염시키지 않는다.

① 영희 ② 직녀 ③ 철수와 영희
④ 철수와 견우 ⑤ 철수와 영희와 견우

5. 〈보기 1〉을 바탕으로 〈보기 2〉에 대해 탐구한 내용으로 적절하지 않은 것은?

보기 1

문장을 구성하는 문법 단위에 구와 절이 있다. 구와 절은 모두 두 개 이상의 어절이 모여 하나의 단어와 같은 기능을 하는 것을 말하는데, 절은 주어와 서술어를 갖추고 있다는 점에서 구와 다르다. 구와 절은 단어처럼 단독으로 문장 성분이 되거나, 조사와 결합하여 문장 성분을 이루기도 한다.

보기 2

- ㉠그 얼굴이 눈에 선하다.
- 안타깝게도 영희는 ㉡아파 보였다.
- 코끼리가 사자보다 ㉢훨씬 더 많이 먹는다.
- 나는 ㉣기차가 도착하기를 기다린다.
- 민수는 ㉤형이 입고 있던 옷을 물려받았다.

① ㉠은 두 어절이 모여 이루어진 구로, 조사와 결합하여 주어의 기능을 하고 있다.
② ㉡은 두 어절이 모여 이루어진 구로, 문장에서 서술어의 기능을 하고 있다.
③ ㉢은 세 어절이 모여 이루어진 절로, 문장에서 부사어의 기능을 하고 있다.
④ ㉣은 두 어절이 모여 이루어진 절로, 조사와 결합하여 목적어의 기능을 하고 있다.
⑤ ㉤은 세 어절이 모여 이루어진 절로, 문장에서 관형어의 기능을 하고 있다.

MEMO

DAY 01 정답 및 해설

Week 3

DAY 01

| 1 ① | 2 ④ | 3 ① | 4 ③ | 5 ③ |

1. ①

문항 명사수의 눈

1문단에서 제시된 그리스에서의 자유와 로마에서의 권위의 대립에 주목해 보자. 이 지문은 결국 자유와 권위 사이의 차이와 대립에 관한 지문이며, 이런 자유와 권위의 대립은 마지막 문단에서 민중파와 원로원의 대립이 자유와 권위 사이의 경쟁이라고 표현되는 것에 이어지는 것이다. 이런 맥락 속에서 '공직의 기회', '법률적 평등' 개념을 각각에 연결할 수 있었다면 선지 판단이 용이했을 것이다.

정답 분석

① 1문단에 따르면 통치의 권한이 자유의 일환으로 평준화된 그리스와 달리 로마는 통치의 권한이 소수 특권층에 제한되어 있었으며, 이는 로마에서 그리스에서의 자유와 상응하는 개념이 평등을 전제로 하는 것이 아님을 보여 준다. 로마에서 자유와 권리는 소극적 참정권, 내지는 법률적 평등을 가리키는 것에 불과했으므로 '법률적 평등'은 그리스의 평등한 자유와 대비되는 로마의 제한된 사회상과 연결된다고 볼 수 있다. 2문단에서 '자유'는 이렇게 다스릴 자유를 가진 소수의 엘리트들이 모인 원로원의 '권위'에 대비되는 것이므로 '법률적 평등'은 자유가 아닌 권위와 연결된다고 판단할 수 있다. 한편 2문단에 따르면 민중파는 다스릴 권리를 주장하는 세력으로, 인민 자유의 신장을 구호로 내세운 이들이었으므로 그리스의 자유와 같은 통치권의 확대와 연결될 것이라고 판단할 수 있다. 따라서 적절하지 않다.

오답 분석

② 2문단에 따르면 로마 공화정은 원로원의 권위에 입각하여 국사를 운영하였으며, 다스릴 자유를 가진 권력 엘리트들의 조합이었으므로 적절하다고 판단할 수 있다.

③ 1문단에 따르면 그리스 아테네에서 통치의 권한이 자유의 일환으로 평준화된 것에 반해, 로마에서는 더 큰 권위를 가진 이가 더 큰 영예, 즉 열등한 자를 다스릴 권리인 공직의 기회를 갖는다고 보았으므로 적절하다고 판단할 수 있다.

④ 1문단에 따르면 로마에서 통치의 권리는 소수의 특권층에 한정되어 있었으며, 시민은 소극적 참정권 내지는 법률적 평등만을 가지고 있었다. 2문단에서 민중파에 의해 이렇게 통치의 권리를 독점하는 엘리트로 구성된 원로원의 권위가 부정된 것은 공화정기 마지막 1세기의 일이며, 이전까지 원로원의 권위는 지켜졌으므로 평민과 귀족 사이의 일종의 타협이 존재하였다고 판단할 수 있다.

2. ④

문항 명사수의 눈

이 문항의 발문에 제시된 '반드시'에 충분히 유의할 수 있도록 하자. 해당 진술이 맞는 경우가 존재한다는 것만으로는 충분하지 않다. 이럴 때에는 해당 진술에 맞지 않는 경우가 존재하는지, 맞는 경우가 존재하는지를 모두 따져 반례로 판단하는 것이 더욱 용이할 것이다. 이 지문과 같이 유형이 나뉘고 있는 경우에는 각 유형을 설명하면서 제시되고 있는 공통적인 정보, 이 경우에는 '추상적 대상의 존재 인정' 등을 기준점으로 잡고, 공통되는 유형과 대비되는 유형을 나누어 주는 것 또한 도움이 됐을 것이다. 'A이다'라는 진술에 해당되는 유형이 여럿 존재하는지, 하나뿐인지를 따져볼 수 있었을 것이기 때문이다. 또한 이렇게 '모두 고르는 문제' 등이 출제될 때 선지 간의 관계를 따져 보는 것도 선지 판단을 돕는 하나의 방법이 될 수 있다. 'ㄱ, ㄴ'와 'ㄷ, ㄹ'이 짝을 이루고 있음을 주목해 보자.

정답 분석

④ ㄷ, ㄹ. 영수가 강한 유형의 반실재론자라면 영수는 추상적 대상들이란 이름만 있을 뿐, 세계 어디에도 존재하지 않는다고 주장할 것이기 때문에 숫자 '2'와 같이 추상적인 대상이 존재한다고 주장할 수 없으므로 ㄷ은 반드시 참이 되며, ㄹ은 반드시 거짓이 된다.

오답 분석

ㄱ, ㄴ. 영수가 추상적 대상인 숫자 '2'가 존재한다고 주장한다는 것은 영수가 강한 유형의 반실재론자가 아니라는 것만을 말해준다. 강한 유형의 실재론자는 추상적 대상이 우리 세계에 존재한다고 보고, 약한 유형의 실재론자들도 우리 세계에 존재한다고 말할 수는 없어도, 추상적 대상이 독립해서 존재한다고 주장하며, 약한 유형의 반실재론자도 추상적 대상이 존재하는 점까지는 인정하기 때문이다. 영수는 강한 유형의 실재론자일 수도 있지만, 약한 유형의 실재론자, 혹은 약한 유형의 반실재론자일 수도 있다.

ㅁ. 영수가 추상적인 숫자 '2'가 책상처럼 존재한다고 주장하지 않는다는 것은 영수가 강한 유형의 실재론자가 아니라는 것만을 말해 준다. 약한 유형의 실재론자는 추상적 대상이 물리적 대상과 나란히 우리 세계에 존재한다고 말할 수는 없다고 보며, 약한 유형의 반실재론자는 추상적 대상이 존재하지만 우리 인간의 구성물이라 보고, 강한 유형의 반실재론자는 추상적 대상이 존재하지 않는다고 보기 때문이다. 이 경우 영수는 약한 유형의 실재론자일 수도 있지만, 약한 유형 내지는 강한 유형의 반실재론자일 수도 있다.

3. ①

> **문항** 명사수의 눈
> 1문단에서 제시된 자본과 강압의 3가지 조합을 파악하고, 이 분류 아래서 이어지는 각 문단의 내용을 정리해 줄 수 있었다면 선지 판단은 비교적 용이했을 것이다. 다만, ㄱ 선지와 관련해서는 지문 한 부분의 문장에만 의존할 것이 아니라, 해당 서술이 지문에 제시된 정보와 부합할 수 있는 것인지를 검토해 볼 수 있도록 하자.

정답 분석

① ㄱ. 1문단에서 통치자와 피통치자 간의 관계를 재형성하는 것이 대조적인 정부형태를 생성해 내었다고 제시되고 있기는 하나, 자본집약방식과 자본화된 강압방식 등에서 명시적으로 지배자와 피지배자간의 정치적 권력 관계의 차이점이 그 변별점으로 제시되고 있다고 보기는 다소 어렵다. 이 지문에서 국가 발전의 양식은 1문단에서, 그리고 각 양식에서 제시된 것과 같이 자본과 강압의 조합에 따라 나뉜다고 보는 것이 타당하다.

ㄴ. 2문단에 따르면 조공을 받는 제국 단계에 있을 때 러시아는 강압집약적인 양식을 예증해 주는데, 강압집약적인 방식에서 지속적인 지배권을 수립할 수 없었던 결과로 귀족들이 왕을 물러나게 할 수 있었던 것임이 제시되고 있으므로 적절하다고 보기 어렵다.

오답 분석

ㄷ. 1문단에서 제시된 강압집약적인 방식에서 통치자들이 너무나 많은 권력을 휘두르던 것과 2문단에 제시된 자본집약적 방식에서 통치자들이 자본가들과의 협약에 군사력을 의존한 것과는 달리, 4문단에 따르면 자본화된 강압 양식에서 자본을 쥐고 있는 이들과 강압을 쥐고 있는 사람들은 비교적 평등에 입각하여 상호 교섭하였으므로 적절하다고 볼 수 있다.

ㄹ. 4문단에 따르면 전쟁과 전쟁준비에 의한 국제 경쟁의 압력에 따라 세 가지 진로는 자본과 강압의 집중 유형으로 수렴되었으며, 자본화된 강압 형태는 17세기부터 전쟁에서 한층 더 효과적임을 증명하였음이 제시되고 있으므로 적절하다고 판단할 수 있다.

ㅁ. 1문단에 따르면 통치자들과 피통치자간의 관계 형성은 전쟁 준비를 착실히 추진하고 있는 통치자들이 환경에 대처하며 이루어진 것이며, 4문단에서 전쟁과 전쟁 준비에 의한 국제 경쟁의 압박이 진로를 자본과 강압의 집중 유형으로 수렴되도록 하였음이 제시되고 있으므로 적절하다고 판단할 수 있다.

4. ③

정답 분석

③ 확실하게 주어진 것부터 처리하면 견우는 감염되지 않는다. 그렇다면 선언지 제거에 의해서 영희를 감염시킨다.(ㄴ) 그렇다면 ㄹ에 의해서 직녀를 감염시키지 않았고(전건 긍정), 직녀를 감염시키지 않는다면 ㄷ에 의해서 철수를 감염시킨다.(전건 긍정) 그러므로 답은 ③번이다.

5. ③

정답 분석

③ 〈보기 1〉에 의하면 구와 절은 모두 두 개 이상의 어절이 모여 하나의 단어와 같은 기능을 하지만, 절은 주어와 서술어를 갖추고 있다는 점에서 구와 다르다. ⓒ의 '훨씬 더 많이'는 세 어절인데 '부사어+부사어+부사어'로 구성되어 있으므로 절이 아니다.

오답 분석

① ㉠의 '그 얼굴'은 두 어절이 모여 이루어진 구로, 주격 조사 '이'와 결합하여 문장에서 주어의 기능을 하고 있다.
② ㉡의 '아파 보였다'는 두 어절이 모여 이루어진 구로, 본용언(아파)+본용언(보였다)으로 구성되어 문장에서 서술어의 기능을 하고 있다.
④ ㉢의 '기차가 도착하기'는 두 어절이며 '주어+서술어'로 구성되어 있으므로 절이다. 목적격 조사 '를'과 결합하여 문장에서 목적어의 기능을 하고 있다.
⑤ ㉣의 '형이 입고 있던'은 세 어절이며 '주어+서술어'로 구성되어 있으므로 절이다. 문장에서 체언 '옷'을 수식하고 있으므로 관형어의 기능을 하고 있다.

[1] 다음 글을 읽고 물음에 답하시오.

조선시대의 세계 인식은 기본적으로 중국 중심의 중화사상에 입각하고 있었다. 전통적으로 중국에서는 '화이론(華夷論)'에 따라 한족이 사는 지역을 '안[內]'이라 하여 그 종족 및 문화를 '중화[華]'로, 주변민족이 사는 지역을 '밖[外]'으로 보아 그 종족 및 문화를 '오랑캐[夷]'로 구분하였다. 이때 문화의 내용은 유교문화의 수용과 발달 여부를 기준으로 하였다. 한편 화이론에서는 조공체제(朝貢體制)가 성립하지 않는 지역을 소위 '교화가 미치지 않는 곳[化外之地]'이라 하여 '짐승[禽獸]'이 사는 곳으로 취급하였다.

15세기 조선은 명(明)의 정치·문화·군사적 우월성을 인정하고 사대외교(事大外交)를 전개하였다. 그러나 조선이 명에 대해 사대한 것은 어디까지나 신생국인 조선이 강대국인 명으로부터 국제적으로 승인받고, 이를 통해 정치적 안정을 꾀하려는 의도에서 비롯된 것으로 주체성이나 독립성을 방기한 것은 아니었다. 명에 대한 사대를 표방하면서도 정도전의 요동정벌 시도나 세조 연간 여진에 대한 관할권을 둘러싼 명과의 긴장 국면에서도 볼 수 있듯이, 조선은 경우에 따라서는 명과의 대결을 시도할 정도로 독자적 움직임을 드러내었다. 이는 조선이 중국과 마찬가지로 천명(天命)을 받아 성립된 국가이므로 독자적 영역을 이룬다는 의식이 존재하고 있었음을 보여준다.

이러한 대외인식은 16세기에 들어와 변화하기 시작했다. 화이론을 옹호하는 사림세력이 집권하고 지배층의 주류를 차지하면서 숭명(崇明)의식이 강해졌다. 이제 사대는 실리적인 외교수단이 아니라 반드시 지켜야 할 도리로서 인식되기 시작했다. 명이 조선에게 아버지의 나라이자 황제국이라는 사실은 이해(利害)와 시세(時勢)를 초월하는 불변의 가치로 자리잡았다. 중국의 화이론에서는 조선 역시 '이적(夷狄)'으로 분류된다. 그러나 사림세력은 기자 이래 수용하여 발전시킨 유교적 전통을 기준으로 조선의 문화적 정체성을 중국과 동일시하였고 자연스럽게 스스로를 '소중화(小中華)'라 자부하였다. 대신 주변 국가인 일본·여진·유구 등을 타자화(他者化)하여 이적으로 간주하였다.

17세기에 들어 명이 망하고 만주족이 세운 청(淸)이 중원을 차지한 이후에도 조선의 대외정책은 화이론과 소중화 의식의 틀을 벗어나지 못했다. 오히려 이적인 청이 중화인 명을 멸망시키고 황제국을 칭하였기 때문에 현실에서 중화의 담지자는 조선뿐이라는 '조선 중화주의'가 새롭게 대두하기 시작하였다. 조선 중화주의는 명의 멸망으로 인해 이제 중국에서는 기대할 수 없게 된 중화를 조선이 책임지고 조선땅에서 구현할 것을 주장하였다.

조선 중화주의는 조선의 지위를 종래의 '소중화'에서 '중화'로 격상하여 중국으로부터 조선의 주체성·독립성을 고양한 듯 보인다. 그러나 관념상 조선은 명에 대해 여전히 중화와 소중화라는 불변의 관계로 고정되어 있었으므로 조선 중화주의의 주체성·독립성은 진정한 의미에서 실현되었다고 보기는 어렵다. 조선이 청을 오랑캐라 멸시하며 명의 복수를 명분으로 '북벌론'을 주창하였던 것은 '조선 중화주의'가 근본적으로 화이론·소중화론으로부터 벗어난 것이 아니었음을 잘 보여준다.

1. 윗글을 통해 알 수 있는 내용으로 적절한 것은?

① '조선 중화주의'는 이미 멸망한 명을 이어 조선을 유일한 황제국으로 인식하였다.
② '화이론'에서는 교화가 미치느냐 미치지 않느냐에 따라 오랑캐와 짐승을 구별하였다.
③ 16세기와 비교할 때 15세기 조선의 사대외교는 이해와 시세라는 정치적 실리를 초월하여 전개되었다.
④ '조선 중화주의'는 문화적 자존의식과 정치적 이해를 앞세웠기 때문에 청과의 정치적 긴장을 야기하였다.

MEMO

[2] 다음 글을 읽고 물음에 답하시오.

　프랑스와 독일 같은 유럽 국가들의 다문화사회로의 진입은 2차 대전 이후 경제성장에 따른 노동력 부족 때문이다. 그 당시 필요하다고 불러들였지만 그들은 이제 2세대 동안 거주하며 뿌리를 내리고 있다. 그런데 더욱 문제가 되는 것은 유럽인들은 자녀 출산에 적극적이지 않고 노령화되는 추세를 보이는 반면 프랑스나 독일에 유입된 이방인들, 특히 이슬람계 가정은 자녀 출산에 매우 적극적이라는 사실이다. 이들의 출산율은 기독교인의 약 3배에 해당된다고 한다. 그럴 경우 이들 국가의 인구는 지금보다 3.5% 정도 줄어들 것으로 예상되는데 반해 이슬람 인구는 약 2배에 이를 것으로 전망된다. 이런 추세에 대해 프린스턴 대학 교수인 버너드 루이스는 "21세기 말 어느 시점에 가면 유럽의 다수가 무슬림이 될 것이다."라고 진단하기까지 한다.

　그렇다면 한국의 사정은 어떠한가? 오늘날 한국은 1960~1970년대의 독일과 프랑스처럼 노동력 부족으로 인해 외국인 노동자가 국내에 유입됨에 따라 다문화사회로 변화하는 과정에 있다. 그런데 한국은 연수생 제도를 통해 외국인 단순 노동력을 활용하는 비교적 엄격한 노동 이민 정책을 통해 이들의 한국사회로의 영구 거주를 원천적으로 막고 있다. 그런 점에서 한국의 사정은 프랑스나 독일의 경우와는 다르다. 한국의 인구학적 구성에 있어서 주목해야 할 점은 외국인 노동자보다는 국제결혼 가정이다. 외국인 노동자와는 달리 국제결혼 이주 여성이나 그 자녀는 대부분 한국인으로서 한국사회에 뿌리를 내리고 살아갈 것이며 이들의 수효는 확대 재생산될 것이다. 그러므로 이들 다문화가정 한국인이 사회적 갈등을 일으키지 않고 한국사회를 보다 역동적이고 창조적으로 이끌어 가도록 한국형 다문화 정책 모델을 찾아가는 것이 중요하다.

　다문화사회에서 동화주의를 채택하건 다문화주의를 채택하건 완전한 사회통합을 실현하는 것은 극히 어려운 일이다. 다행히 한국은 유럽 국가들이 겪고 있는 기독교와 이슬람교 사이의 종교적인 갈등으로부터는 벗어나 있다. 왜냐하면 유럽 국가들에 유입된 이주민이 대개는 이슬람계(독일은 터키, 프랑스는 북아프리카 국가들)이지만 한국의 경우 파키스탄 등의 국가에서 유입된 소수의 이슬람계 이주민을 제외하고는 대부분 유교, 기독교 혹은 불교 문화권 국가 출신이기 때문이다. 따라서 이들이 한국 문화와의 차이 때문에 겪게 되는 갈등이 예견되기는 하지만 유럽 국가들에서와 같은 극단적인 종교적 대립은 한국사회에서는 없을 것으로 여겨진다.

　프랑스나 독일 등 유럽 국가들처럼 종교에서 비롯된 사회갈등은 없는 반면 한국에서는 언어와 생활방식에서 야기되는 갈등이 매우 심각한 편이다. 특히 한국에 온 외국 이주민이 가장 고통을 겪고 있는 것은 의사소통능력 부족이다. 예컨대 프랑스의 이주민은 과거 프랑스 식민지 출신이었기 때문에 종교적 충돌은 있었어도 의사소통은 크게 문제되지 않았다. 한편, 중국동포를 제외한 외국인 이주민들에게 한국어 능력은 한국에서의 생활에서 가장 큰 장애물이다. 특히 국제결혼 여성의 경우 한국어 소통능력 부재 때문에 가족 간의 갈등에서 피해를 보거나 자녀 교육에 있어서 많은 어려움을 겪고 있다. 또한 박찬욱 감독이 『믿거나 말거나 : 찬드라의 경우』라는 단편영화에서 보여준 것처럼 한국어 소통능력 부재 때문에 네팔 출신 여성 노동자가 정신병원에 6년 이상 갇히는 어이없는 일도 발생한다. 그런 점에서 한국사회는 외국인 노동자나 국제결혼 여성의 권리 증진을 위해 이들에게 폭넓은 한국어 학습기회를 제공해줄 필요가 있다.

2. 윗글의 내용과 부합하는 것을 〈보기〉에서 모두 고른 것은?

> **보기**
> ㄱ. 유럽과 비교할 때 한국은 정책 차이로 인해 다른 양상의 외국인 이주자 유입 형태가 나타난다.
> ㄴ. 한국의 노동 이민 정책은 외국인 이민자에 대해 상대적으로 폐쇄적인 특징을 보인다.
> ㄷ. 유럽과 마찬가지로 한국의 외국인 이주자들은 민족 혹은 종교 간 배타성을 전제로 집합행동을 할 가능성이 상당히 높다.
> ㄹ. 프랑스의 경우 외국인 이주자들의 사회적 차별, 높은 실업률, 열악한 교육 등의 문제를 언어적 문제로 귀인시키고 있다.
> ㅁ. 유럽과 달리 한국 다문화사회의 과제는 한국 내 거주하는 외국인 이주자의 의사소통능력을 제고하는 것이다.

① ㄱ, ㄴ
② ㄴ, ㄷ
③ ㄱ, ㄴ, ㅁ
④ ㄷ, ㄹ, ㅁ

[3] 다음 글을 읽고 물음에 답하시오.

40여 년 전 이스라엘 농업 연구청에서는 농작물을 재배하는 들판에서 햇빛의 세기를 측정했다. 이를 기초로 관개 시스템을 개발하기 위해서였다. 약 20년 뒤 시스템 점검을 위해 다시 데이터를 측정했을 때, 햇빛이 22% 정도 줄어든 것을 발견하게 되었다. 당시 과학계는 이러한 결과에 대해 냉소적이었다. 그러나 세계 여러 나라의 기후학자들은 비슷한 연구 결과를 내놓게 되었다. 1950년과 1990년 사이에 태양에너지가 남극에서 9%, 미국, 영국, 러시아에서 각각 10%, 16%, 30% 감소했다. 태양에서 지구에 도달하는 빛과 열이 줄어들고 있는 것이다. 기후학자들은 이 현상을 '글로벌 디밍(global dimming)'이라고 부른다.

미국 캘리포니아대 A교수는 인도양 중북부에 1,000개가 넘는 섬으로 이뤄진 몰디브 제도에서 4년 간 글로벌 디밍의 원인을 분석했다. 그는 몰디브 제도에서 인도와 가까운 북쪽 섬은 남쪽 섬보다 햇빛이 10% 이상 약하다는 사실을 발견했다. 북쪽 섬은 남쪽 섬보다 공기 중의 오염 입자가 10배나 많다. 공기 중의 오염 입자가 많을수록 구름은 물방울을 많이 머금게 된다. 이렇게 모인 물방울이 지구로 들어오는 태양광선을 반사시킨다.

글로벌 디밍이 글로벌 워밍(global warming)을 어느 정도 억제하는 효과가 있을 것으로 추측하는 과학자도 있다. 그렇다고 글로벌 디밍을 마냥 방치하고 있을 수는 없을 것이다. 화석연료를 태울 때 나오는 부산물인 재와 그을음, 그리고 이산화황 같은 오염 입자가 늘어나 글로벌 디밍을 일으키기 때문이다. 특히 이산화황은 산성비와 스모그를 유발하는 주범이다. 게다가 햇빛의 유입량이 감소하면 해수 온도가 낮아져서 강수량 패턴이 바뀌고 생태계에 큰 영향이 있게 된다.

한편 태양 자체도 수명을 다하면 빛을 잃게 될 것이다. 태양의 수명은 약 100억 년으로 추정되고 있다. 태양이 생긴 지 50억 년 쯤 지났으니 지금 우리가 보는 태양은 일생의 절반을 산 셈이다. 태양 중심에서는 높은 온도와 압력으로 수소가 연소하여 헬륨으로 바뀌는 핵융합반응이 일어난다. 이때 나오는 어마어마한 에너지가 빛과 열의 형태로 지구로 오는 것이다. 내부에 헬륨이 점점 쌓이면 태양은 불안정해져 더 많은 빛과 열을 내게 된다. 그렇다면 태양은 계속 더 밝아지기만 하는 것일까? 태양 중심의 온도가 1억 도를 넘으면 헬륨이 탄소로 바뀌기 시작한다. 이때가 바로 태양이 빛을 잃기 시작하는 시기이다.

3. 윗글에서 알 수 있는 것으로 적절한 것은?

① 공기 중의 오염 입자가 늘어나면 해수 온도가 내려간다.
② 글로벌 디밍은 태양이 내는 빛과 열이 줄어드는 현상이다.
③ 글로벌 디밍은 환경오염을 심화시켜 생태계를 파괴한다.
④ 글로벌 워밍은 글로벌 디밍을 억제한다.

4. 다음 진술이 모두 참일 때 반드시 참인 것은?

> - 보부상이 천안에 가면, 아산에도 간다.
> - 보부상이 아산에 가면, 대전에도 간다.
> - 보부상이 대전에 가지 않으면, 당진에도 가지 않는다.

① 보부상이 당진에 가면, 아산에도 간다.
② 보부상이 천안에 가면, 대전에는 가지 않는다.
③ 보부상이 아산에 가지 않으면, 당진에는 간다.
④ 보부상이 대전에 가지 않으면, 천안에도 가지 않는다.

5. ㉠~㉣에 대해 이해한 내용으로 적절한 것은?

> ㉠ 드디어 나도 일을 끝냈다.
> ㉡ 벌써 바깥이 칠흑같이 어둡다.
> ㉢ 신임 장관은 이번 회의에 참석한다.
> ㉣ 새 컴퓨터가 순식간에 고물이 되었다.

① ㉠과 ㉡에서 주어는 명사구에 조사가 붙은 형태이다.
② ㉠과 ㉢에서 격조사가 문장의 주어를 나타내 주고 있다.
③ ㉡과 ㉢에서 주어는 서술어가 나타내는 동작의 주체이다.
④ ㉢과 ㉣에서 주어는 체언 구실을 하는 구에 조사가 붙은 형태이다.
⑤ ㉣에서는 상태의 변화를 의미하는 서술어의 영향으로 주어가 두 번 쓰였다.

DAY 02 정답 및 해설

Week 3

DAY 02

| 1 ② | 2 ③ | 3 ① | 4 ④ | 5 ④ |

1. ②

정답 분석

② 1문단에서 중화와 오랑캐의 차이는 한족이 사는 지역의 안인지, 밖인지임이 제시되고 있고, 조공체제가 성립하지 않는 지역은 교화가 미치지 않는 곳이라 하여 짐승이 사는 곳으로 취급하였다고 제시되고 있다. 따라서 조공체제가 성립하여 교화가 미치는 지역인지, 아닌지에 따라 오랑캐와 짐승이 구별되고 있다고 판단할 수 있다.

오답 분석

① 5문단에서 조선 중화주의에서 조선은 여전히 명에 대해 중화와 소중화라는 불변의 관계로 고정되어 있었으며, 근본적으로 화이론과 소중화론으로부터 벗어나지 못한 것이었음이 제시되고 있으므로 적절하다고 보기 어렵다.

③ 2문단에서 15세기 조선은 사대외교를 천명하였지만 이는 강대국인 명으로부터 국제적 승인을 받아 정치적 안정을 꾀하려는 의도에서 비롯된 것이라 제시되고 있고, 3문단에서 16세기 조선에서는 이와는 달리 사대가 실리적인 외교 수단이 아닌 지켜야 할 도리로 인식되기 시작했음이 제시되고 있으므로 적절하지 않다고 판단할 수 있다.

④ 4문단에서 조선 중화주의가 청이 중화인 명을 멸망시켰으므로 중화의 유일한 담지자가 조선이라는 인식 아래서 성립되었음이 제시되고 있어, 문화적 자존의식을 앞세웠다고 볼 수 없다. 나아가 조선이 '조선중화주의'를 바탕으로 청과의 외교에서 정치적 이해를 앞세웠다고 볼 수 있는 정보도 찾아볼 수 없다.

2. ③

문항 명사수의 눈

이렇게 대비가 제시되는 지문에서는 언제나 속성을 대비해 줄 수 있도록 하자. 유럽과 한국의 다문화사회로의 진입에 어떤 차이점이 있는지를 잘 정리해 줄 수 있었다면 어렵지 않게 선지에 접근할 수 있었을 것이다.

정답 분석

③ ㄱ. 2문단에 따르면 한국은 연수생 제도를 통해 외국인 단순 노동력을 활용하는 비교적 엄격한 노동 이민 정책을 통해 영구 거주를 원천적으로 막고 있어서 한국의 사정이 프랑스나 독일의 경우와는 다르다는 사실이 제시되고 있으므로 적절하다고 판단할 수 있다.

ㄴ. 2문단에 따르면 한국은 연수생 제도를 통해 외국인 단순 노동력을 활용하는 비교적 엄격한 노동 이민 정책을 통해 영구 거주를 원천적으로 막고 있으므로 적절하다고 판단할 수 있다.

ㅁ. 4문단에 따르면 한국에 온 외국 이주민이 가장 고통을 겪고 있는 것은 의사소통능력 부족이며, 이에 따라 동 문단에서 '그런 점에서 한국사회는 외국인 노동자나 국제결혼 여성의 권리 증진을 위해 이들에게 폭넓은 한국어 학습기회를 제공해줄 필요가 있다.'라고 제시되고 있으므로 적절하다고 판단할 수 있다.

오답 분석

ㄷ. 3문단에 따르면 한국의 경우 유럽 국가들에서와 같은 극단적인 종교적 대립은 없을 것으로 예상되며, 4문단에서 한국에서 갈등은 언어와 생활양식에서 야기되는 것이 심각하다고 제시되고 있으므로 적절하지 않다고 판단할 수 있다.

ㄹ. 4문단에 따르면 프랑스의 이주민은 과거 프랑스 식민지 출신이기 때문에 의사소통은 크게 문제되지 않았으므로 적절하지 않다고 판단할 수 있다.

3. ①

정답 분석

① 2문단에서 오염 입자가 많으면 지구로 들어오는 태양광선을 반사시켜서 햇빛이 약해진다는 사실이, 3문단에서 햇빛의 유입량이 감소하면 해수 온도가 낮아진다는 사실이 제시되고 있으므로 적절하다고 판단할 수 있다.

오답 분석

② 2, 3문단에서 글로벌 디밍의 원인은 오염 입자가 태양 빛을 반사시키는 것임이 제시되고 있으므로 적절하지 않다고 판단할 수 있다.

③ 글로벌 디밍으로 인해 강수량 패턴이 변화하고 생태계에 영향이 발생하는 것은 맞지만, 지문에서 글로벌 디밍으로 인해 환경오염이 더욱 심화된다는 정보는 찾을 수 없으므로 적절하지 않다.

④ 3문단에서 글로벌 디밍이 글로벌 워밍을 어느 정도 억제하는 효과가 있을 것이라고 추측하는 과학자의 존재가 언급되고 있을 뿐, 글로벌 워밍이 글로벌 디밍을 억제한다는 내용은 찾아볼 수 없다.

4. ④

정답 분석

④ 첫 번째 진술과 두 번째 진술에 따라, 보부상이 천안에 가면 아산에 가고, 아산에 가면 대전에도 간다.(천안 ⇒ 아산 ⇒ 대전) 그러므로 천안에 가면, 대전에도 갈 것이다. 이것의 대우에 따라, 대전에 가지 않으면 천안에도 가지 않는다.(~대전 ⇒ ~아산 ⇒ ~천안)

오답 분석

① 세 번째 진술에 따라 보부상이 대전에 가지 않으면, 당진에도 가지 않으므로(~대전 ⇒ ~당진) 대우를 취하면 당진에 갔다는 것은 대전에 갔다는 것이다.(당진 ⇒ 대전) 그런데 두 번째 진술에 따라 아산에 가면 대전에도 간다는 것이(아산 ⇒ 대전) 역(대전 ⇒ 아산)으로서 반드시 옳다고 할 수 없다.

② 첫 번째 진술에 따라 보부상이 천안에 가면, 아산에도 간다. 그런데 두 번째 진술에 의해 아산에 가면 대전에도 가야 하므로 거짓이다.(천안 ⇒ 아산 ⇒ 대전)

③ 첫 번째 진술의 대우로 천안에 가지 않음은 알 수 있지만, 당진에는 간다고 확정할 수는 없다. 당진에는 간다가 참이기 위해서는 후건이 당진에 간다인 진술이 있어야 할 것이다.

5. ④

정답 분석

④ ㉢은 '신임 장관', ㉣은 '새 컴퓨터'라는 구에 각각 조사 '은'과 '가'가 붙은 형태가 주어로 쓰이고 있다.

오답 분석

① ㉠은 '나', ㉡은 '바깥'이라는 대명사와 명사에 조사가 붙은 형태가 주어로 쓰이고 있으므로 명사구에 조사가 붙은 형태라는 것은 적절하지 않다.

② ㉠의 주어 '나도'는 격 조사가 아닌 보조사 '도'가 붙은 것이, ㉢의 주어 '신임 장관은'은 격 조사가 아닌 보조사 '은'이 붙은 것이 주어로 기능하고 있다.

③ '서술어가 나타내는 동작의 주체'라는 것은 서술어가 '동사'임을 말하는 것인데, ㉢은 '참석한다'로 동사가 맞지만 ㉡은 '어둡다'로 형용사이기 때문에 동작의 주체라는 설명은 적절하지 않다.

⑤ ㉣에서 주어는 '새 컴퓨터가'로 한 번만 나타나고 있다. '고물이'는 보어이다. 따라서 주어가 두 번 쓰였다는 서술은 적절하지 않다.

[1] 다음 글을 읽고 물음에 답하시오.

은유(metaphor)와 환유(metonymy)는 전통적으로 수사학의 영역에 속하는 비유 범주로 이해되어 왔으나, 최근에는 일반언어학과 정신분석학의 연구에 힘입어 상호 학제적인 속성을 지닌 범주로 심화·확대되고 있다. 기존의 문학 장르론에서는 일반적으로 은유와 환유를 각각 시와 소설에 특유한 속성으로 다루어 왔다. 은유는 기호표현(signifiant)의 직접성을 장르의 본질로 삼는 시의 전유물로, 환유는 재현된 기호의미(signifie)를 근간으로 하는 스토리의 구조화를 장르의 본질로 삼는 소설의 전유물로 파악해 온 것이다. 그럼으로써 환유가 두드러진 시나 은유가 두드러진 소설의 특성을 이해하는 데 많은 어려움을 초래해 온 것이 사실이다. 이는 은유와 환유의 범주를 지나치게 협소하게 상정한 데서 빚어진 당연한 결과라고 할 수 있다.

은유와 환유의 범주를 심화·확대시키고 있는 새로운 관점들은 이 두 범주를 초역사적인 맥락으로부터 역사적인 맥락 쪽으로 이동시키고 있다. 한국 근대소설의 전개 과정을 살펴볼 때 새로운 관점의 은유와 환유는 소설적 경향의 대립과 교체를 효과적으로 설명하는 틀이 될 수 있다. 근대소설의 역사는 은유와 환유의 대립 교체가 반복되어 온 과정인 것이다. 환유 지향성이 강렬했지만 고전소설의 관습적인 은유를 탈피하지 못함으로써 과도기적인 특성을 보인 신소설, 신소설의 성취와 한계를 치밀한 환유 지향성으로써 계승·극복하려 했던 이광수의 소설, 이광수 소설의 결여 부분이라고 할 수 있는 심미성(은유 지향성의 산물)의 극대화를 꾀한 김동인의 소설 등이 근대소설 초기에 나타나는 은유 환유의 대립 및 교체 양상이라고 할 수 있다. 이러한 대립과 교체 양상은 염상섭의 소설에 이르러 근대적인 의미의 환유 지향성으로 확립되게 된다. 1930년대에 접어들면 은유와 환유는 모더니즘 소설과 리얼리즘 소설의 극단적인 대립으로 재현된다.

은유 지향적인 근대소설은 소설 언어에 대한 인식에 있어서 언어의 재현적인 성격보다는 기존 언어의 의미를 확장하는 데 관심을 기울여 온 것으로 생각된다. 이러한 경향의 소설은 주로 외부의 사건보다는 작중 인물의 내면 의식을 드러내는 데 초점을 맞추고 있다. 그래서 이 계열의 소설은 문장을 운용하는 방식에서 문장의 안정적인 결합보다는 새로운 리얼리티를 창조하는 데 노력을 기울이고, 작중 인물의 설정에서는 개성이 두드러진 인물을 부각시키는 편이다. 소설 구성에서도 유기적인 구성보다는 유기적인 구성으로 환원되지 않는 몽타주, 병치, 자유연상 등의 단편화 기법을 주로 사용함으로써 상대적으로 실험적인 특성을 드러낸다. 이러한 은유 지향성을 가진 작가로는 김동인, 이상, 박태원, 후기의 이효석, 최명익, 허준, 조명희 등을 꼽을 수 있다.

한편 환유 지향적인 근대소설은 대체로 언어를 객관적인 묘사 도구로 여긴다. 환유 지향적인 리얼리즘이 주조를 이루어 온 한국 근대소설사 일반은 언어에 대한 이러한 태도를 토대로 삼고 있다. 이 경우, 언어가 묘사 대상의 일부를 이루게 된다는 환유의 원리를 따름으로써 내면 묘사보다는 사건을 포함한 외부 대상의 서술에 큰 비중이 놓이게 되며, 문장의 운용에서도 문장의 변형이나 일탈을 억제하고 인접성의 원칙에 따라 문장을 구성하고, 이를 통해 완결된 서사를 지향해 온 것이다. 작중 인물 설정에서도 이러한 경향의 소설은 개성적인 인물보다는 전형적인 인물을 강조해 온 것으로 보인다.

1930년대부터 1980년대에 이르기까지 한국의 소설은 이 전형적인 인물을 창조하는 데 많은 힘을 쏟아 왔다. 환유 지향적인 소설은 그 구성에서도 '유기성'을 강조해 왔다. 이 때 유기성이란 인물, 행위, 사건, 배경, 주제 등의 요소들이 인과율에 기초하여 긴밀하게 구성된 상태를 뜻하거니와, 환유 지향적인 소설의 핵심이라 할 수 있는 인과율은 바로 환유적 원리의 소산인 것이다. 이러한 환유 지향성을 가진 작가로는 이광수, 염상섭, 이기영, 김남천, 한설야, 강경애, 심훈 등을 꼽을 수 있다.

1. 윗글을 통해 추론할 수 없는 것으로 적절한 것을 〈보기〉에서 모두 고른 것은?

보기

ㄱ. 전통적으로 은유 개념은 시를, 환유 개념은 소설을 설명하기에 적합한 비유 범주로 이해되어 왔다.
ㄴ. 은유 지향적 소설에는 1930년대 실험적인 기법들을 자주 구사하였던 모더니즘 소설이 포함된다.
ㄷ. 은유 지향적 소설은 인접성의 원칙에 근거하여 언어를 구사함으로써 새로운 현실을 창조하고자 하였다.
ㄹ. 환유 지향적 소설에서는 언어를 개성과 심미성을 잘 드러낼 수 있는 표현 도구로 간주하였다.

① ㄱ, ㄴ
② ㄴ, ㄷ
③ ㄴ, ㄹ
④ ㄷ, ㄹ

MEMO

[2] 다음 글을 읽고 물음에 답하시오.

　동남아시아 고전 시대의 통치 체제를 설명할 때 통상 사용되는 용어는 만다라이다. 만다라는 본래 동심원을 뜻하는 불교 용어인데 동남아의 통치 체제를 설명하기 위해 차용되었다. 통치 체제로서의 만다라는 내부로부터 외부로 점차 나아갈수록 왕의 세력이 약화되는 모습을 형상화한 여러 개의 동심원들이 배열되어 있는 형태를 뜻한다. 간단하게 말해서 만다라는 왕의 힘이 유동적으로 움직이는 공간을 뜻하기 때문에 만다라적 통치 체제에서는 국경 개념이 희미해진다.

　한 왕의 세력 범주 내에 있는 백성들은 왕에게 충성을 바치고 부역과 조세의 의무를 지지만, 만일 왕이 하늘로부터 위임 받은 카리스마를 상실했다고 판단되면 외곽의 동심원에 있는 백성들부터 느슨한 경계를 넘어 다른 만다라로의 이주가 자유롭게 일어났다. 만다라적 통치 체제에서의 왕은 백성들에게 카리스마를 유지하기 위해 자신이 하늘로부터 계시를 받은 자, 즉 신과 인간의 중간자임을 보여 주는 화려한 제왕의 의식, 군무행진 등을 정기적으로 시행했다. 또한 각종 보석과 마법이 담겨 있다고 여겨지는 무기들을 보유하여 권위를 과시했다.

　이러한 만다라적 통치 체제로 미루어 볼 때, 캄보디아의 앙코르와트 사원을 통해 유추해 볼 수 있는 앙코르 왕국의 왕권은 예외적이라고 평가되었다. 유명한 역사학자 토인비는 거대한 앙코르와트 사원 근처에 놓인 바레이라 불리는 저수지를 농업을 위한 관개시설이라 보고 앙코르와트를 이집트의 피라미드 건설과 같은 맥락으로 이해했다. 그는 농업을 위한 관개의 필요라는 도전을 받아 앙코르인이 저수지 건설이라는 응전을 한 것으로 보았다. 그 결과로 앙코르의 왕은 중앙 집중화된 왕권의 기초를 다졌고, 왕국의 막강한 정치력을 앙코르와트 사원을 통해 드러내고 있다고 분석했다.

　그런데 몇 년 전 토인비의 의견을 뒤집는 학설이 제기되었다. 액커라는 지리학자는 바레이의 용량을 재어 보고는 그것이 관개시설로 사용될 만큼의 규모가 아니며, 바레이가 사원을 정 4방으로 둘러싼 위치를 보건대 앙코르와트 사원은 종교적인 목적과 관련이 있다는 소견을 내었다. 그의 의견에 따르면 앙코르와트 사원 부근의 바레이는 힌두교의 신들이 산다는 인도의 메루산(히말라야산) 주변에 있는 네 개의 호수를 상징화한 것이다. 앙코르의 왕은 사원 건립을 통해서 신과 인간의 중개자 역할을 자처하였다고 본 것이다.

2. 윗글을 통해 알 수 있는 내용으로 적절하지 않은 것은?

① 만다라적 통치 체제에서는 정치적 영향력의 경계가 고정되어 있지 않다.
② 토인비는 앙코르 왕국이 강력한 중앙 집중화를 이룬 왕국이었다고 보았다.
③ 액커는 바레이의 규모를 근거로 그 용도에 대해 토인비와는 다른 해석을 하였다.
④ 만다라적 통치 체제에서의 왕은 백성들에게 신과 동일한 존재로 인식되기를 원했다.

[3] 다음 글을 읽고 물음에 답하시오.

보통 자연과학에서 '인과성'이란 "A면 B다."라는 것이다. 프로이트가 생각하는 원인이란 B라는 결과가 나올 때만 A라는 원인이 발견된다는 것이다. 여기에서 A는 B를 규정하지 않는다. 알튀세르(Louis Althusser, 1918~1990)는 이것을 '구조론적 인과성'이라고 불렀다. 어떤 증상이 있을 때 A라는 원인을 발견했다 하더라도, 결코 A라면 B가 된다는 식은 되지 않는다. 따라서 원인이 발견되어도 그 책임은 물을 수 없다. 무엇을 해도 결과적으로 잘 되는 경우가 있고, 아무리 적절하게 해도 기대에 어긋나는 경우가 있다. 가령 어린 시절 부모로부터 가혹한 일을 겪었다고 하자. 그 일이 트라우마(정신적 외상)가 되어 나중에 병으로 나타나는 경우도 있지만, 실제로는 트라우마가 되지 않는 경우가 압도적으로 많다. 반대로 프로이트가 고민했던 문제 중의 하나는, 여성 신경증 환자의 트라우마를 파고들어 가면 아버지에게 폭행당한 사건이 자주 나온다는 것이다. 프로이트는 처음에는 그것을 진짜로 생각했지만 차츰 그것이 환자가 지어낸 이야기라는 것을 알게 되었다. 물론 오늘날에는 페미니스트 쪽으로부터의 반론이 있고, 실제로 그런 일이 일어났다는 비판도 있다.

그러나 중요한 것은 어떤 잔혹한 사건을 경험했다고 해서 반드시 정신적 외상이 되는 것은 아니며, 오히려 그렇지 않은 경우가 더 많다는 사실이다. 이를 하나의 인과법칙처럼 생각하는 것은 잘못이다. 프로이트나 유아 발달심리학 등을 읽고 그것을 간단하게 바로 육아나 교육에 응용해서는 안 된다.

3. 윗글을 통해 추론할 수 있는 것으로 가장 적절한 것은?

① 자연과학에서는 특정한 원인이 특정한 결과를 가져오는 것은 아니라고 본다.
② 범죄자에 대한 정신분석을 실시한 결과 부모의 과거 행동이 범죄의 원인이라는 사실이 판명되더라도 부모에게 책임을 물을 수 없다.
③ 어린 시절 부모에게 응석받이로 자란 사람은 독립심이 약하다.
④ 프로이트에 따르면 정신병 증세가 나타나기 전에 그 원인을 발견하여 정신병을 사전에 예방할 수 있다.

4. 다음 글의 상황에서 〈보기〉의 사실을 토대로 학생이 김 교수에게 자료를 전달하기 위해 추측한 내용 중 반드시 참인 것은?

> 김 교수는 오늘 아침 학회에 발표자로 참석한다. 그런데 김 교수를 한 번도 본 적이 없는 어떤 학생이 지도 교수의 부탁으로 김 교수에게 내일 발표에 사용할 자료를 급히 전달하게 되어 직접 학회가 열리는 회장을 찾았다. 발표는 1부와 2부에서 각각 두 명이 발표하는데, 학생이 도착했을 때 발표는 이미 시작되었다. 김 교수가 현재 1부나 2부에서 발표하는 것은 분명하다.

보기

ㄱ. 1부 발표자는 연단 왼쪽에서, 2부 발표자는 연단 오른쪽에서 대기하고 있다.
ㄴ. 1부와 2부 발표자 모두 1번 발표자는 시계를 차고 있다.
ㄷ. 1부와 2부 모두 뿔테 안경을 쓰지 않은 사람은 2번 발표자가 아니다.

① 만약 김 교수가 뿔테 안경을 끼고 있다면 2번 발표자이다.
② 김 교수는 시계를 차고 있거나 뿔테 안경을 끼고 있다.
③ 만약 김 교수가 2부에서 2번째 발표를 맡았다면 김 교수는 뿔테 안경을 쓰고 있지 않다.
④ 만약 김 교수가 연단 오른쪽에서 대기 중이라면 김 교수는 뿔테 안경을 끼고 있다.

5. 〈자료〉는 문장 성분의 특징을 파악하기 위한 탐구 활동의 일부이다. ㉠~㉤ 중, [A]에 해당하는 것은?

자료

- 그는 ㉠ 잊을 수 없는 은인이다.
- 이 책은 ㉡ 내가 외국에서 산 것이다.
- 그는 ㉢ 시골 풍경을 몹시도 좋아한다.
- 그녀가 ㉣ 좁은 길을 천천히 걷고 있다.
- 내가 본 비행기는 ㉤ 무척 빠르게 날고 있었다.

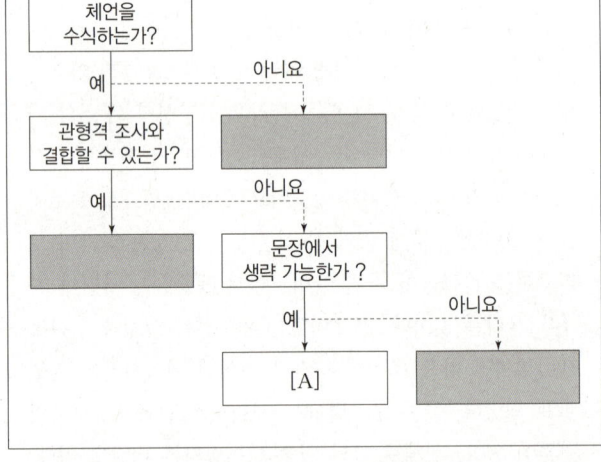

① ㉠ ② ㉡ ③ ㉢ ④ ㉣ ⑤ ㉤

MEMO

DAY 03 정답 및 해설 — Week 3

DAY 03

| 1 ④ | 2 ④ | 3 ② | 4 ② | 5 ④ |

1. ④

> **문항 명사수의 눈**
>
> 1문단에서 환유와 은유에 대한 '기존' 입장이 제시되고 있다는 점을 파악할 수 있었다면 환유와 은유 사이뿐만 아니라, 이들에 대한 입장 사이에 대비가 존재하며, 이것을 파악하는 것이 중요할 것임을 파악할 수 있었을 것이다. 이 경우 은유를 시에, 환유를 소설에 대응하는 입장이 제시되고 있으므로 시에 환유가 사용되거나 소설에 은유가 사용되는 경우가 기존의 방식과 대비를 이룰 것임을 파악하고 지문을 읽을 수 있었다면 1문단을 잘 활용한 것이라고 볼 수 있다. 한편 지문을 읽으면서 한 문장만으로는 선지의 근거를 파악하기 어렵다고 느껴진다면 언제나 맥락을 고려할 수 있도록 하자. 앞뒤 1~2문장, 연결어를 활용하면 조금 더 명료한 근거 파악이 가능할 것이다.

정답 분석

④ ㄷ. 4문단에 따르면 인접성의 원칙에 근거하여 언어를 구사하는 것은 환유의 원리를 따르는 경우이므로 은유 지향적 소설이 그렇다는 것은 적절하다고 볼 수 없다.
ㄹ. 2문단에 따르면 환유 지향성이 강했던 이광수 소설에서 심미성이 결여되고 있으며, 괄호를 통해 심미성이 은유 지향성의 산물임이 제시되고 있으므로 적절하지 않다고 판단할 수 있다.

오답 분석

ㄱ. 1문단에 따르면 기존의 문학 장르론에서는 일반적으로 은유와 환유를 각각 시와 소설에 특유한 속성으로 다루어 왔으므로 적절하다고 판단할 수 있다.
ㄴ. 2문단에 따르면 은유와 환유는 모더니즘 소설과 리얼리즘 소설의 극단적인 대립으로 재현되며, 4문단에서 환유 지향적인 근대소설에 대해 제시하면서 환유 지향적인 리얼리즘이라는 표현이 제시된 것으로 미루어 보아 은유는 모더니즘 소설에, 환유는 리얼리즘 소설에 연결될 것이라고 판단할 수 있으므로 적절하다고 판단할 수 있다.

2. ④

정답 분석

④ 2문단에서 만다라적 통치 체제에서의 왕은 백성들에게 카리스마를 유지하기 위해 자신이 하늘로부터 계시를 받은 자, 즉 신과 인간의 중간자임을 보여 주고자 했다고 제시되고 있을 뿐, 그 자신이 신과 동일한 존재로 인식되기를 원했다는 정보는 찾아볼 수 없다.

오답 분석

① 1문단에서 만다라는 왕의 힘이 유동적으로 움직이는 공간을 뜻하기 때문에 만다라적 통치 제제에서는 국경 개념이 희미해진다고 제시되고 있으므로 적절하다고 판단할 수 있다.
② 3문단에서 토인비는 앙코르와트 사원은 중앙 집중화된 왕권의 기초를 다진 앙코르의 왕이 왕국의 막강한 정치력을 드러내는 표시라고 보고 있으므로 적절하다고 판단할 수 있다.
③ 4문단에서 액커는 바레이의 용량을 잰 뒤, 그것이 토인비의 주장과는 달리 관개시설로 사용될 만한 규모가 아니라고 하였다. 그는 앙코르와트 사원은 막강한 정치력을 드러내는 것이 아니라 종교적인 목적을 띤 것으로, 왕은 사원 건립을 통해 신과 인간의 중개자 역할을 자처한 것이라고 보고 있으므로 적절하다고 판단할 수 있다.

국어 치열하게 독하게

3. ②

> **문항** 명사수의 눈
>
> 이렇게 대비가 선명히 이루어지고 있는 경우, 반대 속성을 오답 선지로 구성한다는 점을 기억해 대비 정보를 정리하고 선지 처리를 하는 것이 중요하다. 병렬도 대비라는 관점에서는 오답을 구성하는 방법 중 하나일 뿐이지만, 이와 같이 A면 B일 때와 B일 때만 A라는 원인이 발견된다는 중심 속성이 정확히 반대로 대비되고 있는 경우에는 대비 정보의 활용 또한 하나의 방법이 될 수 있다.

정답 분석

② 1문단에 따르면 어떤 증상이 있을 때 A라는 원인을 발견했다 하더라도, 결코 A라면 B가 된다는 식은 되지 않으며, 따라서 원인이 발견되어도 그 책임은 물을 수 없다. 따라서 적절한 추론이라고 판단할 수 있다.

오답 분석

① 1문단에 따르면 자연과학에서의 인과성이란 A이면 B라는 것이다. 선지와 같이 특정한 원인이 특정한 결과를 가져오는 것은 아니라는 입장은 프로이트 등의 입장에 가까우므로 적절하다고 보기 어렵다.
③ 1문단에 따르면 "A면 B다."라는 형태로 기술될 수 있는 인과성은 자연과학에서의 인과성에 해당하므로 적절하다고 보기 어렵다.
④ 1문단에 따르면 프로이트는 원인이란 결과가 나올 때만 발견되는 것이라고 본다. 선지와 같이 A라면 B가 된다는 것은 프로이트가 아닌 자연과학에서의 인과성에 해당하는 것이므로 적절하다고 보기 어렵다.

4. ②

정답 분석

② 김 교수가 발표를 하리라는 것은 분명하고, 발표자는 각 부마다 2명뿐이므로 발표를 한다면 김 교수는 1번 발표자가 아니라면 2번 발표자 둘 중 하나이다. ㄴ에 따르면 1번 발표자면 시계를 차고 있고, ㄷ에 대우를 취하면 2번 발표자는 뿔테 안경을 쓴다. 따라서 김 교수는 시계를 차고 있거나, 뿔테 안경을 끼고 있다.

오답 분석

① ㄷ에 따르면 뿔테 안경을 쓰고 있지 않으면 2번 발표자가 아니지만, 그로부터 뿔테 안경을 끼고 있다면 2번 발표자임을 도출할 수 있는 것은 아니다. 1번과 2번 발표자 모두 뿔테 안경을 쓰고 있더라도, 1번 발표자는 시계를 차고 있다면 주어진 진술과 모순되지 않는다.
③ ㄷ에 따르면 뿔테 안경을 쓰지 않는 사람은 2번 발표자가 아니다. 이것에 대우를 취하면 2번 발표자는 반드시 뿔테 안경을 쓰므로 적절하지 않다.
④ ㄱ에 따르면 연단 오른쪽에서 대기하고 있는 사람은 2부 발표자이다. 하지만 이로부터 몇 번째 발표자인지는 알 수 없다.

5. ④

정답 분석

④ [A]에 해당하는 것은, 1) 체언을 수식하는데 2) 관형격 조사와 결합할 수 없으며 3) 문장에서 생략 가능한 것이어야 한다. ㉣의 '좁은'은, 1) 체언 '길'을 수식하는데 2) 관형격 조사 '의'가 그 뒤에 결합할 수 없으며 3) 문장에서 생략해도 '그녀가 길을 천천히 걷고 있다.'와 같이 쓰일 수 있다.

오답 분석

① ㉠의 '잊을'은, 1) 체언(의존 명사) '수'를 수식하고 2) 관형격 조사 '의'가 그 뒤에 결합할 수 없지만 3) 문장에서 생략하면 '그는 수 없는 은인이다.'와 같이 비문이 된다. 3)의 조건에 해당하지 않는다.
② ㉡의 '내가 외국에서 산'은, 1) 체언(의존 명사) '것'을 수식하고 2) 관형격 조사 '의'가 그 뒤에 결합할 수 없지만 3) 문장에서 생략하면 '이 책은 것이다.'와 같이 비문이 된다. 3)의 조건에 해당하지 않는다.
③ ㉢의 '시골'은, 1) 체언 '풍경'을 수식하지만 2) 관형격 조사 '의'가 그 뒤에 결합할 수 있으며 3) 문장에서 생략해도 '그는 풍경을 몹시도 좋아한다.'와 같이 쓰일 수 있다. 2)의 조건에 해당하지 않는다.
⑤ ㉤의 '무척'은 체언이 아닌 용언 '빠르게'를 수식하고 있다.

[1] 다음 글을 읽고 물음에 답하시오.

　아파트 주거환경은 일반적으로 공동체적 연대를 약화시키는 것으로 인식되어 왔다. 그러나 오늘날 한국사회에서 보편화되어 있는 아파트 단지에는 도시화의 진전에 따른 공동체적 연대의 약화를 예방하거나 치유하는 집단적 노력이 존재한다. (가)
　물론 아파트의 위치나 평형, 단지의 크기 등에 따라 공동체 형성의 정도가 서로 다른 것은 사실이다. (나)
　더 심각한 문제는 사회문화적 동질성에 입각한 아파트 근린관계가 점차 폐쇄적이고 배타적인 공동체로 변하고 있다는 것이다. 이에 대한 대책이 '소셜 믹스(social mix)'이다. 이는 동일 지역에 다양한 계층이 더불어 살도록 함으로써 계층 간 갈등을 줄이려는 정책이다.
　그러나 이 정책의 실제 효과에 대해서는 회의적 시각이 많다. 대형 아파트 주민들도 소형 아파트 주민들과 이웃되기를 싫어하지만 저소득층이 대부분인 소형 아파트 주민들 역시 부자들에게 위화감을 느끼면서 굳이 같은 공간에서 살려고 하지 않기 때문이다. (다)
　그럼에도 불구하고 우리나라에서는 사회통합적 주거환경을 규범적 가치로 인식하여, 아파트 단지 구성에 있어 대형과 소형, 분양과 임대가 공존하는 수평적 공간 통합을 지향한다. 부자 동네와 가난한 동네가 뚜렷이 구분되지 않는 주거환경을 우리 사회가 규범적으로는 지향한다는 것이다. (라)
　아파트를 둘러싼 계층 간의 공간 통합 혹은 공간 분리 문제를 단순히 주거환경의 문제로만 보면 근본적인 해결이 어려울 수도 있다. 지금의 한국인에게 아파트는 주거공간으로서의 의미를 넘어 부의 축적 수단이라는 의미를 담고 있기 때문이다.

1. 밑줄 친 내용을 뒷받침하는 사례로 (가)~(라)에 들어가기에 적절하지 않은 것은?

① (가)-아파트 부녀회의 자원 봉사자들이 단지 내의 경로당과 공부방을 중심으로 다양한 프로그램을 운영하여 주민들 사이의 교류를 활성화시킨 사례
② (나)-대형 고급 아파트 단지에서는 이웃에 누가 사는지도 잘 모르는 반면 중소형 서민 아파트 단지에서는 학부모 모임이 활발한 사례
③ (다)-소형 서민 아파트 단지에서 부동산 가격이 하락세를 보이던 시기에 부녀회를 중심으로 담합하여 아파트의 가격을 유지하려 노력했던 사례
④ (라)-대규모 아파트 단지를 조성할 때 소형 및 임대 아파트를 포함해야 한다는 법령과 정책 사례

[2] 다음 글을 읽고 물음에 답하시오.

자신의 기본적 욕구를 충족시키는 데 필요한 것보다 더 많은 소득을 얻기 위해 노동을 선택하는 사람은 그 시간에 여가를 누리는 것보다 노동을 통해 가외로 얻을 수 있는 재화나 서비스를 선호한다. 반면 이러한 노동, 즉 추가적인 노동을 선택하지 않은 사람은 그 시간에 노동을 통해 얻을 수 있는 재화나 서비스보다 여가 활동을 선호한다.

추가적인 노동을 선택하지 않은 사람의 여가 시간 중 일부 시간을 빼앗아 노동을 시켜 곤궁한 자를 위해 사용하려는 제도가 불법적이라는 것은 재론의 여지가 없다. 그렇다면 추가적인 노동을 통해 얻은 소득에 대해 과세를 하는 것도 합법적일 수 없다. 추가적인 노동 없이도 자신의 행복을 쉽사리 성취할 수 있는 자들은 예외로 하면서, 행복을 얻기 위해서 추가로 일해야 하는 불운한 사람들에게만 차별적으로 부담을 지우는 것이 당연한 일인가? 영화광이라서 입장권을 사기 위해 가외로 일해야 하는 사람은 곤궁한 자를 돕기 위해 세금을 내어야 하고, 가외로 일하지 않으면서 무료로 미술관에서 미술품을 관람하는 사람은 그렇게 하지 않아도 되는가?

2. 윗글이 비판하는 주장으로 가장 적절한 것은?

① 기본적 욕구의 충족에 필요한 만큼의 소득에 대한 과세는 정당화될 수 있다.
② 기본적 욕구의 충족에 필요한 것보다 더 많은 소득에 대한 과세는 정당화될 수 있다.
③ 소득에 대하여 과세하는 것은 결국 그 소득을 얻기 위한 노동에 대한 과세이므로 정당화될 수 없다.
④ 여가 활동에 대해서 그 중 일부 시간을 곤궁한 자를 위해 봉사하도록 강제하는 것은 정당화될 수 없다.

[3] 다음 글을 읽고 물음에 답하시오.

　소득이 없는 노후에 안정적인 생활을 영위할 수 있는 사회가 복지사회이며, 복지사회의 가장 근간에는 국민연금이 있다. 그러나 현재 국민연금은 장기 재정 불안정 등 여러 가지 문제점에 직면하고 있다. 이러한 문제점의 근간에는 출산율 저하와 평균수명의 연장으로 인한 노령화의 문제가 자리하고 있다. 한국개발연구원의 보고서에 따르면 2050년에는 국민 1인당 0.7명의 노인을 부양해야 하는 구조로 바뀐다고 하니 노령화의 문제가 얼마나 심각한지를 알 수 있다. 이에 따라 국민들이 노후소득보장으로서의 국민연금에 대하여 갖는 불신수준이 50%에 이르고 있다.

　1988년에 처음 실시된 국민연금은 점차 적용대상을 확대하여 1999년 도시지역 자영업자에게까지 전면적으로 확대되어 외형상 전 국민의 국민연금 시대를 열었다. 우리나라의 국민연금은 태생적으로 저부담·고급여의 구조적 불균형에 대한 문제를 가지고 있었기에 꾸준한 제도의 개선이 이루어졌다. 최근의 개혁은 2007년 7월에 이루어졌으며 9%의 보험료율과 40% 정도의 급여 수준을 유지하는 것으로 이루어졌다. 이번 개혁을 통하여 급여 수준을 하향 조정한 결과 상당 부분 재정안정성을 확보한 것으로 평가받고 있으나 이 역시 2070년 이전에 기금고갈이 예상되고 있다. 이에 따라 '더 내고 덜 받는' 구조로의 개혁의 필요성이 제기되고 있으나 더 내는 것은 강한 국민적 저항에 부딪히고 있으며, 덜 받는 것은 '용돈 연금'의 수준으로 전락하는 것이라는 비판도 제기되고 있다.

　최근 들어 단순히 '더 내고 덜 받는' 계수적인 조정 이외에도 다양한 각도로 국민연금의 개혁 방안에 대한 연구가 제시되고 있다. 노후생활에 대한 소득보장 기능의 강화와 국민연금의 지속가능성을 확보하기 위한 최근의 논의는 급여 자동조정장치, 개인계정의 도입, 자산운용 수익률의 증가 그리고 다층 소득보장 체계의 확립이 주를 이룬다.

　우선 국민연금의 제도와 관련된 개혁 방안으로는 세 가지를 들 수 있다. 첫째, 보험계리적 측면에서 현행의 급여 체계를 유지한 상태에서 목표로 하는 부분적립 수준을 확보하기 위해서는 현행의 보험료율을 12%~15% 수준으로 높여야 할 필요성이 있다. 둘째, 개인계정의 도입과 관련해서는 만약 연금보험료율이 현재와 같이 9% 수준으로 유지되고 국민연금을 통한 목표대체율이 40년 가입 기준으로 생애소득 평균 대비 30%의 수준을 유지하기 위해서는 다음과 같은 방식이 필요하다. 예를 들어 보험료의 3~4%는 개인계정 부분으로 적립되어 확정기여 방식의 원리 하에 가입자 스스로 자산 포트폴리오를 선택하고 나머지 5~6%는 균등부분으로 적립되어 확정급여 방식의 원리 하에 국민연금공단이 현재와 같은 방식으로 통합적인 자산운용을 하는 것이다. 셋째, 위의 두 가지 방안과 같이 법 개정을 통하여 조정할 수도 있지만, 연금급여 지출액 변동을 미세하게 조정하는 방안으로 자동조정장치가 있다. 자동조정장치란 인구학적 변화, 경제학적 요인의 변화를 사전에 정해진 방식에 따라 급여에 자동적으로 반영하도록 하는 방식이다. 급여 자동조정장치는 정치적으로 실행하기 어려운 보험료율 인상을 대신하면서 기대여명 증가에 기인하는 재정악화에 유연하게 대처할 수 있는 세부조정의 역할을 할 수 있기 때문에 적극적인 검토가 요청된다.

3. 윗글의 내용과 부합하는 것으로 적절하지 않은 것은?

① 2007년의 연금개혁으로 인하여 기금고갈 시기가 다소 연장될 것이다.
② 현재의 급여수준을 유지한 상태에서 기금고갈을 방지하기 위해 보험료율을 인상하는 것은 국민적 반발로 어려움이 예상된다.
③ 개인계정을 도입하는 경우 가입자 스스로 운용방법을 선택하여야 하므로 수익률 변동위험의 일부를 부담하게 된다.
④ 급여 자동조정장치를 도입하려면 관련 법률을 개정하여야 한다.

국어 치열하게 독하게

4. 다음 조건이 참이라고 가정할 때, 빈칸에 결론으로 들어갈 말로 가장 적절한 것은?

> (가) 모든 동화책은 교훈을 담고 있다.
> (나) 어떤 소설책은 교훈을 담고 있다.
> 　따라서, ☐

① 동화책이 아닌 모든 책은 교훈을 담고 있지 않다.
② 동화책과 소설책 중 교훈을 담고 있는 책이 있다.
③ 교훈을 담고 있는 책은 모두 동화책이다.
④ 교훈을 담고 있지 않으면 소설책이 아니다.

5. 제시된 탐구 과정을 고려할 때, [A], [B]에 들어갈 ㉠~㉣을 바르게 분류한 것은?

탐구 주제	밑줄 친 말을 문장 성분과 품사를 기준으로 분류하시오. • 이것은 ㉠ 새로운 글이다.　• 이것은 ㉡ 새 글이다. • 그는 ㉢ 빠르게 달린다.　• 그는 ㉣ 빨리 달린다.	
탐구 관련 지식	• 관형어는 체언을, 부사어는 용언을 한정하는 기능을 함.	• 형용사는 관형사나 부사와 달리 활용을 함. • 관형사는 명사를, 부사는 동사를 수식함.
탐구 결과	문장 성분에 따라 [A] 로 분류할 수 있다.	품사에 따라 [B] 로 분류할 수 있다.

　　　　　[A]　　　　　　　[B]
① ㉠, ㉡ / ㉢, ㉣　　㉠, ㉡ / ㉢, ㉣
② ㉠, ㉡ / ㉢, ㉣　　㉠, ㉢ / ㉡, ㉣
③ ㉠, ㉡ / ㉢, ㉣　　㉠, ㉣ / ㉡, ㉢
④ ㉠, ㉢ / ㉡, ㉣　　㉠, ㉡ / ㉢, ㉣
⑤ ㉠, ㉢ / ㉡, ㉣　　㉠, ㉢ / ㉡, ㉣

DAY 04 정답 및 해설 Week 3

DAY 04

| 1 ③ | 2 ② | 3 ④ | 4 ② | 5 ② |

1. ③

> **문항** 명사수의 눈
> 이렇게 근거 사례를 찾을 때에는 이 사례를 통해 주장하고자 하는 바를 먼저 살펴보자. 주장이 무엇인지를 파악하면 이를 뒷받침하는 사례가 가져야 할 특성을 목록화할 수 있고, 선지에 들어가서 이 특성을 모두 가지고 있는지, 없는 것은 없는지를 따져 정오를 명확하게 판단하기가 쉬워질 것이다.

정답 분석

③ 지문 밑줄의 내용은 저소득층이 대부분인 소형 아파트 주민들이 위화감을 느끼면서 부자들과 같은 공간에서 살려고 하지 않는다는 것이다. 그런데 선지에 제시된 사례는 이와는 무관하게 소형 서민 아파트 단지 주민들이 담합하여 아파트 가격 유지를 기도한 경우이므로 적절하지 않은 사례라고 판단할 수 있다.

오답 분석

① 지문 밑줄의 내용은 공동체적 연대의 약화 예방, 내지는 약화된 공동체적 연대의 치유를 위한 집단적 노력이 존재한다는 것이다. 선지에 제시된 사례는 아파트 부녀회의 자원봉사자들이 집단적 노력으로 주민들 사이의 교류를 활성화하고 있으므로 적절한 사례라고 판단할 수 있다.

② 지문 밑줄의 내용은 아파트의 위치, 평형, 단지 크기 등에 따라 공동체 형성 정도에 차이가 존재한다는 것이다. 선지에 제시된 사례에서는 단지 크기의 차이와, 그에 따른 공동체 형성 정도의 차이 모두를 확인할 수 있으므로 적절한 사례라고 판단할 수 있다.

④ 지문 밑줄의 내용은 우리 사회가 부자 동네와 가난한 동네가 뚜렷이 구분되지 않는 주거환경을 지향한다는 것이다. 그리고 지문 밑줄에 선행하는 문장에서는, 사회통합적 주거환경을 규범적 가치로 인식하는 우리나라가 아파트 단지 구성 시 '대형과 소형, 분양과 임대 아파트가 공존하는 수평적 공간 통합을 지향'한다는 점이 제시되고 있다. 따라서 소형 및 임대 아파트가 대규모 아파트 단지를 조성할 때 포함되어야 한다는 법령과 정책은 적절한 사례라고 판단할 수 있다.

2. ②

> **문항** 명사수의 눈
> 주장에 대한 비판의 내용을 찾는 문제의 방향이 바뀐 경우에 해당한다. 비판의 내용을 주고 비판의 대상이 되는 주장으로 적절한 것을 파악할 수 있는지 묻고 있다. 비판의 내용을 찾는 문제에 익숙한 학생이라면 방향이 달라져 감이 잘 오지 않을 수도 있지만, 결국은 지문에서 적절하지 않다고 핵심적으로 주장하고 있는 것을 찾으면 된다. A 해서는 안 된다는 글이 비판으로 제시되었다면, 비판의 대상이 되는 주장은 A일 것이다.

정답 분석

② 지문에서 필자는 추가적인 노동을 통해 얻은 소득에 대해 과세를 하는 것이 합법일 수 없다고 주장하고 있다. 본문에 따르면 추가적인 노동에 따른 소득은 기본적 욕구의 충족에 필요한 것보다 더 많은 소득을 얻기 위해 선택한 노동에 따른 소득이므로 윗글이 비판하는 것으로 가장 적절한 주장은 '기본적 욕구의 충족에 필요한 것보다 더 많은 소득(=추가적인 노동을 통해 얻은 소득)에 대한 과세는 정당화될 수 있다'라는 주장이라고 판단할 수 있다.

오답 분석

① 필자의 주장은 추가적인 노동을 통해 얻은 소득에 대해 과세를 하는 것은 합법일 수 없다는 것이다. 추가적인 노동은 기본적 욕구 충족에 필요한 것보다 더 많은 소득을 얻기 위해 노동하는 것이므로 기본적인 욕구의 충족에 필요한 만큼의 소득에 대한 과세가 정당화될 수 있다는 주장은 필자의 비판의 대상으로 적절하다고 보기 어렵다.

③ 필자는 노동에 대한 과세 전체를 부정하고 있는 것이 아니다. 필자는 쉽게 행복을 얻는 사람들에게는 부담을 지우지 않고 행복을 얻기 위해 일해야 하는 불운한 이들에게 부담을 지우는 것을 비판하는 것이므로 적절하다고 보기 어렵다.

④ 필자는 여가 활동의 일부 시간을 빼앗아 노동을 시켜 곤궁한 자를 위해 사용하려는 제도가 불법적이라고 주장한다. 따라서 선지의 주장은 필자와 일치하므로 비판의 대상으로 적절하다고 보기 어렵다.

3. ④

> **문항** 명사수의 눈
>
> 이렇게 대책이 제시되는 경우에는 제시되고 있는 맥락을 살펴보는 것이 필요하다. 한 문제에 대해 다양한 대책이 제시된다면, 대책 사이에 장단점이나 특성의 차이가 있기 마련이며, 이런 특성이 요구되는 배경 등이 제시되고는 한다. 이런 배경을 잘 체크해 줄 수 있었다면 정답 선지를 쉽게 골라낼 수 있었을 것이다.

정답 분석
④ 4문단에 따르면 자동조정장치는 법 개정을 통해 조정하는 앞서 제시된 두 방안과 달리, 연금 지출액 변동을 미세하게 조정하는 방안으로 제시된 것이므로 적절하지 않다고 판단할 수 있다.

오답 분석
① 2문단에 따르면 2007년 7월에 이루어진 개혁으로 상당 부분 재정안정성을 확보한 것으로 평가받고 있으므로 적절하다고 판단할 수 있다.
② 2문단에 따르면 '더 내는 것'은 강한 국민적 저항에 부딪히고 있으므로 적절하다고 판단할 수 있다.
③ 4문단에 따르면 개인계정은 보험료의 3~4%를 개인계정 부분으로 적립하여 가입자 스스로 자산 포트폴리오를 선택하게 하는 것이다. 가입자가 보험료의 3~4%를 자신의 손으로 선택해 운용한다면 운용에 따른 손해나, 낮은 이율 등의 위험을 본인이 부담하게 될 것이므로 적절하다고 판단할 수 있다.

4. ②

정답 분석
② (가)에 따르면 모든 동화책은 교훈을 담고 있고, (나)에 따르면 소설책 중에서 교훈을 담고 있는 경우가 있으므로 동화책과 소설책 중에는 교훈을 담고 있는 책이 존재한다는 결론을 도출할 수 있다.

오답 분석
① (나)에 따르면 어떤 소설책은 교훈을 담고 있으므로 적절하다고 보기 어렵다.
③ (나)에 따르면, 소설책 중에서도 교훈을 담고 있는 책이 있으므로 적절하다고 보기 어렵다.
④ 해당 문장의 대우는 "소설책이라면 교훈을 담고 있다."이다. 그러나 (나)에 따르면 소설책 중, 어떤 소설책은 교훈을 담고 있을 뿐이지 모든 소설책이 교훈을 담고 있는 것은 아니다.

5. ②

정답 분석
② '이것은 ㉠새로운 글이다.', '이것은 ㉡새 글이다.', '그는 ㉢빠르게 달린다.', '그는 ㉣빨리 달린다.'에서 ㉠~㉣의 품사와 문장 성분을 분류해야 한다. 먼저 문장 성분에 따라 분류하면, ㉠의 '새로운'과 ㉡의 '새'는 모두 뒤에 오는 체언 '글'을 수식하고 있으므로 관형어이다. 그리고 ㉢의 '빠르게'와 ㉣의 '빨리'는 모두 뒤에 오는 용언 '달린다'를 수식하고 있으므로 부사어이다. 그러므로 [A]는 ㉠, ㉡ / ㉢, ㉣과 같이 분류되어야 한다. 다음으로 품사에 따라 분류하면, ㉠의 '새로운'은 형용사의 어간 '새롭-'에 관형사형 전성 어미 '-은'이 결합한 것이므로 그 품사는 형용사이다. ㉡의 '새'는 관형사이다. ㉢의 '빠르게'는 형용사의 어간 '빠르-'에 부사형 전성 어미 '-게'가 결합한 것이므로 그 품사는 형용사이다. ㉣은 부사이다. 그러므로 [B]는 ㉠, ㉢, / ㉡, ㉣과 같이 분류되어야 한다.

[1] 다음 글을 읽고 물음에 답하시오.

박지원의 교우론(交友論)은 유교 전통 내부의 요소로부터 영향을 받았다. 유교 전통에서 강조되어 온 오륜의 마지막 항목은 '붕우유신(朋友有信)'이며, "선을 독려하는 것이 벗의 도이다."라는 맹자의 말처럼 유학자들은 오래 전부터 교우를 도덕적 실현에 필요한 활동으로 삼아왔다. 그러나 붕우관계는 한대(漢代) 이래 삼강의 확립과 더불어 군신·부자·부부 관계에 비해 부차적인 것으로 취급되는 경향이 있었다. 조선의 경우 건국 초기부터 국가가 『삼강행실도』의 편찬을 통해 삼강 의식을 강조하고, 정주학(程朱學)을 통해 끊임없이 그 이론적 정당화를 추구해 왔다. 그러므로 삼강의 수직적 질서가 붕우관계의 수평적 질서를 압도하는 것은 당연한 일이었다. 반면에 박지원은 붕우관계가 오륜 속에 포함되어 있음에도 불구하고 다른 관계에 비해 소홀히 취급되는 현상을 문제 삼았다. 본래 오행론의 화·수·목·금·토는 각각 역할을 달리하지만 동등한 지위를 갖는다. 이에 따라 박지원은 붕우유신의 '신(信)'이 오행론에서 '토'에 배속된다는 점과 오행론을 사계절에 적용할 때 화·수·목·금이 네 계절에 각각 하나씩 적용되는 것과 달리 토는 네 계절 각각의 끝 18일씩을 관장한다는 점을 근거로 "신이 없으면 사륜의 친(親)·의(義)·별(別)·서(序)를 어떻게 할 수 있겠는가?"라고 주장하였다.

박지원의 교우론에 영향을 미친 유교 전통 외부의 요소로는 마테오 리치의 『교우론』을 들 수 있다. 『교우론』의 제1항은 "나의 벗은 타인이 아니라 나의 반쪽이니, 바로 제2의 나라고 할 수 있다."이다. 박지원은 이와 비슷한 내용을 주장한 뒤에 "'천 년 전의 옛 사람을 벗으로 삼는다.'고 말하는 자들이 있다. 정말 답답한 말이다. 천 년 전의 옛 사람은 이미 죽어서 흩날리는 티끌이나 서늘한 바람이 되었는데, 누가 나를 위해 제2의 나가 되며, 누가 나를 위해 늘 옆에 따라다니면서 도움을 준단 말인가?"라고 말했다. 박지원이 마테오 리치의 『교우론』을 읽었는지 정확히 확인할 수는 없지만, 간접적이든 직접적이든 『교우론』의 영향을 받았음은 분명하다. 그러나 『교우론』 제53항의 "상제(上帝)께서 사람에게 두 눈과 두 귀, 두 손과 두 발을 준 것은 두 친구가 서로 돕도록 하고자 한 것"이라든가 제50항의 "벗은 피붙이보다 낫다."는 등의 주장은 박지원을 비롯하여 다른 북학파 구성원 누구에게서도 발견되지 않는다.

1. 윗글을 통해 알 수 있는 내용으로 적절한 것은?

① 박지원은 군신관계의 수직성보다 붕우관계의 수평성을 더 중시하였다.
② 박지원은 오행론으로 인해 붕우관계가 소홀히 취급되었다고 비판하였다.
③ 박지원은 가족 중심의 사고방식을 극복할 대안으로 붕우관계를 제시하였다.
④ 박지원은 옛 사람이 나에게 도움을 주지 못하므로 벗으로 삼을 수 없다고 보았다.

MEMO

[2] 다음 글을 읽고 물음에 답하시오.

　여기 탐스러운 흰 장미꽃 다발이 하나 있다고 가정해 보자. 그 장미를 보고 한 사람이 "이 장미의 꽃말은 '정숙'이야. 그래서 나는 이 꽃을 좋아해."라고 말했다고 치자. 그때 이 사람은 이 장미를 장미로서 보기를 그친 것이다. 그의 시선은 장미를 통과하여 그 뒤에 있는 '정숙함'이라는 추상적 덕성을 향하고 있는 것이다. 그는 흰 장미의 소담스러운 모습이나 은은한 향내에는 관심조차 없다. 마치 우리가 유리창을 통해 밖의 경치를 내다 볼 때 우리의 시선은 유리를 통과하지만 그 유리에 아무런 관심도 없는 것과 똑같다. 이 때 장미는 마치 유리창과도 같은 투명성을 가지고 있으며, 그것은 '정숙함'이라는 덕성에 도달하기 위한 수단일 뿐이다.
　그러나 또 한 사람이 옆에서, 이 장미의 꽃말에는 아랑곳없이 꽃 자체의 고운 자태와 향기에 감탄했다면, 이 사람에게 있어서 관심의 대상 즉 목적은 장미꽃일 뿐 그 외의 어떤 것도 아니다. 그에게 있어서 장미꽃은 그의 시선을 가로막는 불투명성이다. 그의 눈길은 마치 단단한 돌부리에 발이 걸리듯, 그렇게 그 장미꽃에 가서 탁 부딪친다. 그 장미꽃을 뚫고 지나가는 것이 아니라 그 앞에 멈춰 선다. 이 때 장미꽃은 그 어떤 것을 전달하기 위한 수단이 아니라 그 자체가 목적이다. 다시 말하면 장미는 '사물'이 된 것이다. 장미는 원래 사물이지 않은가 하고 의아해 할 사람도 있을 것이다. 그렇다면 소리의 예를 들어보자. 커피나 홍차를 저은 후 찻숟가락을 찻잔 받침에 내려놓을 때 딸깍하는 소리가 들린다. 늘 무심히 지나쳐 버렸던 이 소리가 유난히 마음에 파고들며 뭔가 알 수 없는 잔잔한 감동을 준다. 나는 머릿속에서 아까 들었던 그 소리를 자꾸만 반추해본다. 다시 말하면 나는 그 소리에 자꾸만 다시 돌아와, 그 소리의 성질 앞에 멈춰 서서, 그 소리 자체에 매료된다. 평소에 투명했던 그 소리는 지금 불투명하게 되었고, 그것은 사물이 되었다.
　이번에는 화폭에 그림을 그리는 화가를 생각해 보자. 추상화는 말할 것도 없고 구상화의 경우에도 화가가 초록, 빨강, 노랑 등의 색깔을 칠하는 것은 단순히 나뭇잎이 초록색이니까, 또는 꽃이 빨간색이니까 그런 것은 아니다. 마티스의 빨간 카펫은, 그가 그린 방의 카펫이 실제로 빨간색이어서가 아니다. 만일 그가 현실 속의 어느 방을 그대로 딴 사람들에게 전달하기 위해 그 방의 모습을 있는 그대로 그렸다면, 화폭 위의 그 방은 현실의 어느 방을 지시하는 하나의 기호일 것이다. 그러나 화폭 위의 색깔은 전혀 그런 의도에서 선택된 것이 아니다. 화가는 그 색깔 자체에 매혹된 사람이다. 그리고 그는 자신을 매혹시킨 그 색깔을 내기 위해 고심하며 색 배합을 하고, 그것을 화폭에 옮겼을 것이다. 이 때 색깔은 사물이 되었다. 무엇을 나타내기 위한 수단이 아니라 그 자체로서 존재하는, 그리고 사람들의 시선이 그 앞에 와서 머무르는 불투명의 사물이 된 것이다. 사르트르가 말한 '물체가 된 색깔(couleur-objet)'이라는 합성어의 의미가 바로 그것이다.
　색깔만이 아니다. 형태의 경우도 마찬가지이다. 모델로 삼은 새나 물고기 혹은 집이 실제로 있었을지 몰라도 그의 그림은 그대로 그것들을 형상화한 것은 아니다. 그 대상들을 그대로 옮겨 그린 것이라면 사진이 더 낫지 않겠는가? 이 말은 물론 이 그림들이 사실 속의 물건과 닮지 않았다는 의미가 아니다. 닮고 아니고의 문제는 무의미하다. 이 세상의 어떤 물건을 그림으로 나타내려는 것이 화가의 의도가 아니라는 이야기이다. 다시 말하면 화가가 종이 위에 선으로 그린 새나 물고기나 집은 새를, 물고기를, 또는 집을 지시하는 기호가 아니다. 만일 새를 지시하기 위해 새의 그림을 그렸다면 우리는 그 화폭 앞에서 화폭을 유리창처럼 통과하여 그 뒤에 있는 어떤 새의 모습을 연상하기만 하면 될 것이다. 그러나 우리의 시선은 화폭을 통과하지 않고 그 앞에 머물러 그 새의 순수한 형태와 색깔에 한없이 감탄하고 있는 것이다. 다시 말해서 그 새의 형태는 사물이 되었다.
　물론 이렇게 창조된 '색깔-물체'가 화가의 은밀한 경향을 반영할 수는 있다. 그러나 그것들은, 우리의 말이나 표정이 우리의 분노나 고통, 또는 기쁨을 직접적으로 나타내주듯이 그렇게 그의 감정을 그대로 전달하는 기호는 아니다. 가령, 골고다 언덕 위의 하늘을 노란색으로 칠한 틴토레토는 예수의 고뇌를 의미하기 위해, 또는 이 그림을 보는 사람들에게 고뇌를 야기하기 위해 이 색깔을 선택한 것은 아니다. 그가 어떤 고뇌를 느끼며 이 색깔을 칠했다 해도 이 노란색은 고뇌의 기호는 아니고 차라리 '사물로 국어 치열하게 독하게

굳어진 고뇌'일 뿐이다. 만일 화가가 또는 음악가가 자신의 어떤 감정을 그대로 전달하기 위해 그림을 그리고 음악을 작곡했다면 이때 색과 소리는 완전히 의사소통 수단과 똑같은 기능의 기호일 것이다. 그러나 그렇게 되면 그것은 이미 예술이 아니라 도로 표지판이나 광고 차원의 실용적인 기술일 것이다. 따라서 단순하게 말해본다면 예술가는 색깔이나 소리를 표현 기호로 보지 않고 사물로 보는 사람이다.

2. 윗글의 내용과 부합하지 않는 것을 〈보기〉에서 모두 고른 것으로 적절한 것은?

> **보기**
> ㄱ. 시(詩) 속에 표현된 시인의 감정은 사물이 되어 불투명성을 갖고 있다.
> ㄴ. 시인에게 시적 언어란 투명한 도구이며, 이 도구의 궁극적인 목적은 의사소통이다.
> ㄷ. 화가는 그의 화폭에 기호를 그리는 것이 아니라 하나의 사물을 창조하기를 원한다.
> ㄹ. 예술가에게 있어서는 색깔과 소리, 인간과 신, 사랑과 미움 등이 모두 사물이 된다.
> ㅁ. 시인은 단지 문장을 하나 썼을 뿐이지만 그 문장은 시인의 가장 고귀한 정신세계의 표현이었다.

① ㄱ, ㄷ ② ㄴ, ㄹ
③ ㄴ, ㅁ ④ ㄷ, ㄹ

Week 3

[3] 다음 글을 읽고 물음에 답하시오.

최근 미국 국립보건원은 벤젠 노출과 혈액암 사이에 연관이 있다고 보고했다. 직업안전보건국은 작업장에서 공기 중 벤젠 노출 농도가 1ppm을 넘지 말아야 한다는 한시적 긴급 기준을 발표했다. 당시 법규에 따른 기준은 10ppm이었는데, 직업안전보건국은 이 엄격한 새 기준이 영구적으로 정착되길 바랐다. 그런데 벤젠 노출 농도가 10ppm 이상인 작업장에서 인명피해가 보고된 적은 있지만, 그보다 낮은 노출 농도에서 인명피해가 있었다는 검증된 데이터는 없었다. 그럼에도 불구하고 직업안전보건국은 벤젠이 발암물질이라는 이유를 들어, 당시 통용되는 기기로 쉽게 측정할 수 있는 최소치인 1ppm을 기준으로 삼아야 한다고 주장했다. 직업안전보건국은 직업안전보건법의 구체적 실행에 관여하는 핵심 기관인데, 이 법은 "직장생활을 하는 동안 위험물질에 업무상 주기적으로 노출되더라도 그로 인해 어떤 피고용인도 육체적 손상이나 작업 능력의 손상을 입어서는 안 된다."고 규정하고 있다.

이후 대법원은 직업안전보건국이 제시한 1ppm의 기준이 지나치게 엄격하다고 판결하였다. 대법원은 "직업안전보건법이 비용 등 다른 조건은 무시한 채 전혀 위험이 없는 작업장을 만들기 위한 표준을 채택하도록 직업안전보건국에게 무제한의 재량권을 준 것은 아니다."라고 밝혔다. ⓐ 직업안전보건국은 과학적 불확실성에도 불구하고 사람의 생명이 위험에 처할 수 있는 경우에는 더욱 엄격한 기준을 시행하는 것이 옳다면서, 자신들에게 책임을 전가하는 것에 반대했다. 직업안전보건국은 노동자를 생명의 위협이 될 수 있는 화학물질에 노출시키는 사람들이 그 안전성을 입증해야 한다고 보았다.

3. 윗글의 ⓐ에 들어갈 말로 가장 적절한 것은?

① 여러 가지 과학적 불확실성으로 인해, 직업안전보건국의 기준이 합당하다는 것을 대법원이 입증할 수 없으므로 이를 수용할 수 없다는 것이다.

② 대법원은 벤젠의 노출 수준이 1ppm을 초과할 경우 노동자의 건강에 실질적으로 위험하다는 것을 직업안전보건국이 입증해야 한다고 주장했다.

③ 대법원은 재량권의 범위가 클수록 그만큼 더 신중하게 사용해야 한다는 점을 환기시키면서, 10ppm 수준의 벤젠 농도가 노동자의 건강에 정확히 어떤 손상을 가져오는지를 직업안전보건국이 입증해야 한다고 주장했다.

④ 직업안전보건국은 발암물질이 함유된 공기가 있는 작업장들 가운데서 전혀 위험이 없는 환경과 미미한 위험이 있는 환경을 구별해야 한다고 주장했는데, 대법원은 이것이 무익하고 무책임한 일이라고 지적했다.

4. (가)와 (나)를 전제로 할 때, 빈칸에 들어갈 결론으로 가장 적절한 것은?

> (가) 컴퓨터 게임을 좋아하는 사람 중 일부는 프로그래밍에 관심이 있는 사람이 아니다.
> (나) 로봇 제작에 관심이 있는 사람은 모두 프로그래밍에 관심이 있는 사람이다.
> 따라서, _____

① 로봇 제작에 관심이 있는 사람은 모두 컴퓨터 게임을 좋아하는 사람이 아니다.
② 컴퓨터 게임을 좋아하지 않는 사람 중 일부는 로봇 제작에 관심이 있다.
③ 로봇 제작에 관심이 있는 사람 중 일부는 컴퓨터 게임을 좋아하는 사람이 아니다.
④ 컴퓨터 게임을 좋아하는 사람 중 일부는 로봇 제작에 관심이 없는 사람이다.

5. 〈보기〉의 문장을 바탕으로 부사어의 특성을 탐구한 내용으로 적절하지 않은 것은?

> **보기**
> ㄱ. <u>결국</u> 우리는 여기서 만났다.
> ㄴ. <u>아주</u> 큰 서점이 생겼다.
> ㄷ. 친구의 딸을 <u>며느리로</u> 삼았다.
> ㄹ. 돌고래가 <u>매우</u> 빨리 따라오고 있었다.

① ㄱ의 '결국'을 보니 부사어는 문장 전체를 꾸며줄 수도 있겠군.
② ㄱ의 '여기서'를 보니 부사어는 문장에서 위치가 바뀔 수 있겠군.
③ ㄴ의 '아주'를 보니 부사어가 관형어를 꾸며줄 수도 있겠군.
④ ㄷ의 '며느리로'를 보니 부사어는 꾸미는 말이므로 생략할 수 있겠군.
⑤ ㄹ의 '매우'를 보니 부사어가 부사어를 꾸며줄 수 있겠군.

DAY 05 정답 및 해설

Week 3

DAY 05

| 1 ④ | 2 ③ | 3 ② | 4 ④ | 5 ④ |

1. ④

정답 분석

④ 2문단에서 박지원은 천 년 전의 옛사람은 죽어 티끌이나 바람이 되었는데 누가 나를 위해 늘 옆에 따라다니며 도움을 주겠냐며 천 년 전의 옛 사람을 벗으로 삼는다고 말하는 것이 답답한 말임을 역설하고 있으므로 적절하다고 판단할 수 있다.

오답 분석

① 1문단에 따르면 박지원은 붕우관계가 오륜 속에 포함되어 있음에도 불구하고 다른 관계에 비해 소홀히 취급되는 현상을 문제 삼았을 뿐, 군신관계보다 붕우관계를 중시했다는 정보는 찾아볼 수 없다.

② 1문단에 따르면 박지원은 붕우관계가 소홀히 취급되는 것을 문제 삼으면서 오행론의 내용을 근거로 붕우유신의 '신'이 없으면 오륜 중 나머지 사륜을 어떻게 할 수 있겠냐고 주장하고 있는 것이므로 적절하다고 보기 어렵다.

③ 기존에 강조된 군신, 부자, 부부 관계 중 군신관계가 가족 중심의 사고 방식에 해당한다고 보기 어려울뿐더러 박지원은 붕우관계가 소홀히 취급되는 것을 문제 삼은 것이지 대안으로 붕우관계를 제시한 것은 아니다.

2. ③

문항 명사수의 눈

1~4문단에서 '사물', '투명', '불투명'이 다양한 사례를 통해 다각적으로 제시되고 있다는 점을 잡아낼 수 있었다면, 문제 풀이에는 표현 기호로서의 대상과 사물로서의 대상의 파악이 중요하다는 점을 잡아낼 수 있었을 것이다. 이런 이해를 바탕으로 마지막 문단을 통해 이 지문이 '예술가'는 무엇을 중시하는지까지, 그 경중을 파악해 줄 수 있었다면 선지 판단은 비교적 쉬웠을 것이다.

정답 분석

③ ㄴ. 2문단에 따르면 어떤 대상이 불투명할 때 그 대상은 사물이 되며, 5문단에 따르면 예술가는 그림의 색, 음악의 소리와 같은 표현 수단을 표현 기호로 보지 않고 사물로 보는 사람이다. 시인에게 시적 언어는 그림의 색, 음악의 소리와 같은 표현 수단이라고 볼 수 있을 것이므로, 사물로 볼 수 있는 이 도구는 투명하지 않을 것이며 궁극적인 목적이 의사소통에 있지 않을 것이라고 판단할 수 있다.

ㅁ. 5문단에 따르면 자신의 감정을 그대로 전달하기 위해 색이나 음악과 같은 표현 수단을 사용하면 완전히 의사소통 수단과 똑같은 기능의 기호일 것이며, 이는 예술이 아니라 실용적인 기술일 것이라고 제시되고 있으므로 시인의 문장을 사물이 아닌 표현 기호로 보고 있는 해당 선지는 적절하다고 보기 어렵다고 판단할 수 있다.

오답 분석

ㄱ. 5문단에서 제시된 틴토레토의 사례에서 틴토레토가 골고다 언덕의 하늘을 노란색으로 칠한 것은 고뇌를 의미하거나, 야기하기 위한 것이 아니며, 노란색은 이때 사물로 굳어진 고뇌일 뿐이라고 제시되고 있다. 시 속에 표현된 감정도 이와 마찬가지로 '사물로 굳어'질 것이라고 판단할 수 있으며, 2문단에서 사물은 불투명한 것임이 제시되고 있으므로 적절하다고 판단할 수 있다.

ㄷ. 5문단에 따르면 예술가는 색이나 소리를 표현 기호가 아닌 사물로 보는 이들이므로 적절하다고 판단할 수 있다.

ㄹ. 2문단에서 소리가 사물이 되었음이, 3문단에서는 마티스의 작품에서 색은 그 자체로 사물이 되었다고 제시되고 있고, 4문단에서 새와 같은 형태도, 5문단에서 고뇌와 같은 감정도 사물로 굳어지게 됨이 제시되고 있으므로 적절하다고 판단할 수 있다.

3. ②

> **문항** 명사수의 눈
>
> 이런 빈칸 채우기 문제에서는 빈칸의 전후로 새롭게 추가된 내용을 살피는 것이 도움이 된다. 여기서는 빈칸 이후에 직업보건안전국의 주장에 '과학적 불확실성'과 '자신들에게 책임을 전가하는 것에 반대'라는 표현이 등장하고 있는 점에 주목해 보자. 이는 대법원이 입증 책임을 직업보건안전국에 부여했으며, 과학적 불확실성을 문제 삼았다는 것이며, 빈칸에는 이 내용이 반드시 포함되어야 한다는 점을 암시한다.

정답 분석

② 빈칸 이후에 제시된 직업안전보건국의 반박에서 드러난 것과 같이, 벤젠의 노출 수준이 1ppm을 초과할 경우 건강에 실질적으로 위험하다는 것을 입증해야 한다는 주장이 제시되고 있으며(=과학적 불확실성) 그 입증 책임을 직업안전보건국에 지우고 있으므로 적절하다고 판단할 수 있다.

오답 분석

① 빈칸 이후에 제시된 직업안전보건국의 반박에 따르면 빈칸에서 대법원은 입증 책임을 직업안전보건국에 전가하였으므로 적절하다고 볼 수 없다.

③ 10ppm의 벤젠 농도는 인명 피해가 보고된 바 있는 농도로 1ppm의 한시적 긴급 기준이 발표되기 전 기준치에 해당하므로 적절하다고 보기 어렵다.

④ 빈칸 이후에 제시된 반박에서 드러나는 과학적 불확실성도, 직업안전보건국의 입증 책임도 확인할 수 없으므로 적절하다고 보기 어렵다.

4. ④

정답 분석

④ (나)는 달리 말하면 프로그래밍에 관심이 없지만 로봇 제작에 관심이 있는 사람은 없다는 것이므로, (가)와 (나)의 논리를 결합하면, 컴퓨터 게임을 좋아하는 사람 중 일부는 프로그래밍에 관심이 없고, 따라서 로봇 제작에도 관심이 없다는 결론을 도출할 수 있다.

오답 분석

① 로봇 제작에 관심이 있다면 (나)에 따라 모두 프로그래밍에 관심이 있을 것이다. (가)에 따르면 컴퓨터 게임을 좋아하지만 프로그래밍에 관심이 있지 않은 어떤 사람이 있는 것일 뿐, 컴퓨터 게임을 좋아하면 모두 프로그래밍에 관심이 없는 것이 아니다. 따라서 (가)를 통해 프로그래밍에 관심이 있으면 컴퓨터 게임을 좋아하지 않는다는 것을 타당하게 도출할 수는 없다. 그러므로 로봇 제작에 관심이 있는 사람이 컴퓨터 게임을 좋아할 수 있을 것이다.

② 컴퓨터 게임을 좋아하는 사람 중 일부가 프로그래밍에 관심이 없으므로, (나)와 결합해 볼 때 그렇게 컴퓨터 게임을 좋아하는 사람 중 일부는 로봇 제작에 관심이 없다고 판단할 수 있을 뿐, 컴퓨터 게임을 좋아하지 않는다고 해서 로봇 제작에 관심이 있는지 단언할 수 없다.

③ 로봇 제작에 관심이 있는 사람은 모두 프로그래밍에 관심이 있다는 조건만 주어졌을 뿐, 로봇 제작에 관심이 있는 사람 중 일부가 컴퓨터 게임을 좋아하지 않는지는 단정할 수 없다. 로봇 제작에 관심이 있는 사람의 집합이 C이고, 컴퓨터 게임을 좋아하는 사람의 집합이 A, 프로그래밍에 관심이 있는 사람의 집합이 B라면 그림과 같은 경우 (가)와 (나)를 모두 만족하면서도 선지가 거짓이 된다.

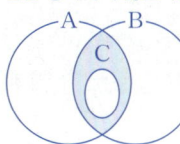

5. ④

정답 분석

④ ㄷ. '친구의 딸을 며느리로 삼았다.'에서 '며느리로'는 부사어이지만, 서술어 '삼았다'가 필수적으로 요구하는 문장 성분이므로 생략할 수 없다.

오답 분석

① ㄱ. '결국 우리는 여기서 만났다.'에서 부사어 '결국'은 문장 전체인 '우리는 여기서 만났다.'를 꾸며 주고 있다.

② ㄱ. '결국 우리는 여기서 만났다.'에서 부사어 '여기서'는 '여기서 결국 우리는 만났다.', '결국 여기서 우리는 만났다.'와 같이 그 위치를 바꿀 수 있다.

③ ㄴ. '아주 큰 서점이 생겼다.'에서 부사어 '아주'는 관형어 '큰'을 꾸며 주고 있다.

⑤ ㄹ. '돌고래가 매우 빨리 따라오고 있었다.'에서 부사어 '매우'는 부사어인 '빨리'를 꾸며 주고 있다.

국어
치열하게
독하게

2026년도 **공무원** 데일리 유대종 **시즌 2**

WEEK
4

DAY 01

Week 4

[1] 다음 글을 읽고 물음에 답하시오.

국가사회주의[나치즘]는 '명령은 명령'이고 '법률은 법률'이라는 두 개의 원칙을 통해 한편으로는 군인들, 다른 한편으로는 법률가들에게 족쇄를 채웠다. 그러나 '명령은 명령'이라는 원칙은 결코 무제한적으로 적용되지는 않았다. 명령이 범죄적인 목적에 기여하는 때에는 복종의무가 소멸하였다. 이에 비해 '법률은 법률'이라는 원칙은 한계를 알지 못하였다. 이 원칙이 바로 수십 년에 걸쳐 아무런 이의 없이 독일의 법률가들을 지배하였던 실증주의적 법사상의 표현이다. 실증주의적 관점에서는 법률적 불법과 초법률적 법은 둘 다 똑같이 개념적 모순이었다.

실증주의는 사실상 '법률은 법률'이라는 확신을 매개로 삼아 독일 법률가계급을 자의적이고 범죄적인 내용의 법률에 대한 방어불능상태로 빠뜨렸다. 나아가 실증주의는 법률의 효력을 독자적으로 밑받침할 수 없다. 실증주의는 법률이 자신을 관철시킬 힘을 보유하고 있다는 것을 통해 이미 법률의 효력을 증명했다고 믿고 있다. 그러나 힘 위에서는 필연이 성립할지는 모르지만 당위와 효력은 어림없다. 당위와 효력은 법률에 내재한 가치 위에서만 성립한다. 물론 모든 실정법은 내용에 상관없이 그 자체로 하나의 가치에 기여한다. 즉 법은 최소한 법적 안정성을 제공하기 때문에 어떠한 법이라도 법이 없는 상태보다 낫다. 그러나 법적 안정성은 법이 실현해야 하는 유일하거나 결정적인 가치가 아니다. 그 밖에 다른 두 가지 가치인 목적성과 정의가 있다. 이러한 가치의 서열에서 우리는 공익을 뜻하는 법의 목적성을 맨 뒤에 두어야 할 것이다. '국민에 유용한 것'이라고 해서 모두 법이 아니며 오로지 법적인 것, 즉 법적 안정성과 정의를 추구하는 것만이 궁극적으로 국민에 유용하다.

정의와 법적 안정성이 갈등할 때에는 다음과 같이 해결할 수 있을 것이다. 실정적인 법은 비록 그 내용이 정의롭지 못하고 목적에 부합하지 않더라도 우선성을 갖는다. 그러나 정의에 대한 실정법의 모순이 참을 수 없을 정도에 이르러 법률이 '악법'으로서 정의 앞에서 물러나야 하는 때에는 그렇지 않다. 법률적 불법과 내용상 정의롭지 못하지만 그래도 효력이 있는 법률 사이에 더 예리한 경계선을 긋는 것은 불가능하다. 그러나 다음과 같은 경우에는 아주 분명하게 경계를 획정할 수 있다. 정의를 추구하지 않는 경우, 정의의 핵심인 평등을 입법 시에 의도적으로 부인하는 경우, 그 때에는 법률은 한갓 악법에 그치지 않고 아예 법적인 성격을 갖지 못한다. 왜냐하면 실정적인 법도 정의에 봉사하는 질서와 규정이라고 볼 수밖에 없기 때문이다. 이러한 기준에 비추어보면 나치법은 전부 효력 있는 법의 품격에 이르지 못하였다.

1. 윗글의 주장에 부합하는 것으로 가장 적절한 것은?

① 법이 실현해야 하는 가치들이 충돌할 때 그에 대한 해법이 전혀 없는 것은 아니다.
② 정의롭지 못한 법도 법이기는 하지만, 그 법에 대하여는 준수의무가 인정되지 않는다.
③ 법의 효력과 그것이 도덕적으로 옳거나 그르다는 것은 서로 상관없는 별개의 문제이다.
④ 법은 당국이 원하는 바를 힘으로 강제하는 것이므로 총을 든 강도가 돈을 내어놓으라고 하는 명령과 결국 같다.

[2] 다음 글을 읽고 물음에 답하시오.

고생물의 골격, 이빨, 패각 등의 단단한 조직은 부패와 속성작용에 대한 내성을 가지고 있기 때문에 화석으로 남기 쉽다. 여기서 속성작용이란 퇴적물이 퇴적분지에 운반·퇴적된 후 단단한 암석으로 굳어지기까지의 물리·화학적 변화를 포함하는 일련의 과정을 일컫는다. 그러나 이들 딱딱한 조직도 지표와 해저 등에서 지하수와 박테리아의 분해작용을 받으면 화석이 되지 않는다. 따라서 딱딱한 조직을 가진 생물은 전혀 그렇지 않은 생물보다 화석이 될 가능성이 크지만, 그것은 어디까지나 이차적인 조건이다.

화석이 되기 위해서는 우선 지질시대를 통해 고생물이 진화·발전하여 개체수가 충분히 많아야 한다. 다시 말하면, 화석이 되어 남는 고생물은 그 당시 매우 번성했던 생물인 것이다. 진화론에서 생물이 한 종에서 다른 종으로 진화할 때 중간 단계의 전이형태가 나타나지 않음은 오랫동안 문제시되어 왔다. 이러한 '잃어버린 고리'에 대한 합리적 해석으로 엘드리지와 굴드가 주장한 단속 평형설이 있다. 이에 따르면 새로운 종은 모집단에서 변이가 누적되어 서서히 나타나는 것이 아니라 모집단에서 이탈, 새로운 환경에 도전하는 소수의 개체 중에서 비교적 이른 시간에 급속하게 출현한다. 따라서 자연히 화석으로 남을 기회가 상대적으로 적다는 것이다.

고생물의 사체가 화석으로 남기 위해서는 분해 작용을 받지 않아야 하고 이를 위해 가능한 한 급속히 퇴적물 속에 매몰될 필요가 있다. 대개의 경우 이러한 급속 매몰은 바람, 파도, 해류의 작용에 의한 마멸, 파괴 등의 기계적인 힘으로부터 고생물의 사체를 보호한다거나, 공기와 수중의 산소와 탄소에 의한 화학적인 분해 및 박테리아에 의한 분해, 포식동물에 의한 생물학적인 파괴를 막아 줄 가능성이 높기 때문이다. 퇴적물 속에 급속히 매몰되면 딱딱한 조직을 가지지 않은 해파리와 같은 생물도 화석으로 보존될 수 있으므로 급속 매몰이 중요한 의의를 가진다.

2. 윗글에서 추론한 내용으로 가장 적절한 것은?

① 화석의 고생물이 생존했던 당시에는 대부분의 생물이 딱딱한 조직을 가지고 있었음을 알 수 있다.
② 딱딱한 조직이 없는 고생물은 퇴적물 속에 급속히 매몰되어도 분해 작용을 받으면 화석으로 남기 어렵다.
③ 단속 평형설은 연관된 화석의 발굴과 분석을 통하여 생물의 진화상 중간단계의 생물종을 설명하고 있다.
④ 고생물의 사체가 땅 속에 급속 매몰되면 지하수에 의해 분해될 가능성이 높아져서 화석의 수가 급격하게 감소된다.

[3] 다음 글을 읽고 물음에 답하시오.

자본주의 체제에서 인간의 노동력이 상품화됨으로써 복지는 임금이라는 화폐적 관계에 의존하게 되었다. 임금 이외에 다른 소득이 없는 노동자들은 생존을 위해 자신의 노동력을 시장에서 파는 것 이외에 다른 선택이 없게 되었다. 이러한 조건하에서 노동자가 일자리를 잃거나 질병에 걸리거나 나이가 들어 자신의 노동력을 팔지 못하게 되는 것은 인간으로서 생존이 더 이상 불가능하다는 것을 의미한다. 더욱이 앞서 말한 질병, 노령, 실업 등의 사회적 위험으로 인해 노동력이 상품으로서 가치를 상실할 때 노동자 자신은 물론이고 노동자가 부양하는 배우자와 자녀 등 가족원의 생존 또한 심각한 위협에 직면하게 된다.

인간 노동력의 상품화에서 기인한 문제에 대응하기 위해 복지국가는 인간 노동력을 탈상품화시키는 정책을 제도화했다. 에스핑-앤더슨(Esping-Anderson)은 탈상품화를 '개인 또는 가족이 시장에 의존하지 않고도 적절한 수준의 생활을 유지하는 것'으로 정의하고 있다. 이를 적극적으로 해석하면, 진정한 탈상품화란 시민이 단순히 시장에 노동력을 팔지 않고도 적절한 생활을 유지하는 수동적인 개념에 그치지 않는다. 아무것도 하지 않기 위해 노동력의 탈상품화가 필요한 것이 아니라 아동, 노인, 장애인 등 돌봄이 필요한 가족원을 돌보기 위해, 노동자 자신의 인적 자본을 확대하기 위한 교육과 훈련을 받기 위해, 여가생활과 사회참여를 위해 노동력의 탈상품화가 필요한 것이다. 탈상품화는 개인적·사회적 필요라는 구체적 목적을 위해 임금노동을 중단할 수 있는 적극적 권리를 내재한다고 이해되어야 한다.

탈가족화 개념은 탈상품화 개념이 복지국가 분석에서 무급노동(돌봄노동)을 포괄하지 못했다는 페미니스트들의 비판에 대한 대안으로부터 출발한다. 리스터(Lister)는 탈가족화를 '개인의 결혼 여부, 가족관계, 무급 돌봄노동 수행 여부 등과 관계 없이 유급노동 또는 사회보장제도를 통해 사회적으로 적절한 생활수준을 보장하는 것'으로 정의하고 있다. 이러한 리스터의 탈가족화 개념은 여성이 남성과 같이 독립적인 시민이 되지 못하는 이유를 여성이 무급 돌봄노동을 전담함으로써 발생하는 경제적 의존성이라고 진단했다. 그래서 탈상품화 개념이 남성의 시민권만이 아닌 여성의 시민권을 포괄하는 준거가 되기 위해서는 탈가족화를 통해 보완될 필요가 있다고 주장한 것이다.

에스핑-앤더슨도 탈상품화에 대한 페미니스트들의 비판을 받아들여 복지국가 분석에서 무급노동의 중요성을 반영하는 개념으로 탈가족화를 제기한다. 에스핑-앤더슨은 탈가족화를 '가구의 복지와 돌봄 책임이 국가의 서비스 제공 또는 시장의 서비스 제공을 통해 완화되는 것'으로 정의하고 있다. 에스핑-앤더슨의 탈가족화 개념은 그가 사용한 탈가족화 지표를 통해 구체화 된다. 탈가족화 지표는 크게 두 가지 영역으로 구성되어 있는데, 하나는 가족수당과 세금공제를 통해 아동이 있는 가구에 대해 경제적 지원을 하는 것이고, 다른 하나는 아동, 노인, 가족구성원에 대한 돌봄 서비스를 제공하는 것이다. 전자는 가구의 복지 책임을, 후자는 가구의 돌봄 책임을 완화하는 지표로 이용된다.

에스핑-앤더슨의 탈가족화와 리스터의 탈가족화는 탈상품화가 무급노동을 포괄하지 못한다는 비판에 대한 대안이라는 공통점을 가지고 있다. 그러나 이 두 개념 간에는 매우 중요한 차이가 있다. 먼저 리스터의 탈가족화는 '개인에 대한 적절한 생활보장'이다. 마치 임금노동을 수행하지 않아도 적절한 생활을 보장받는 수준이라고 정의한 탈상품화 개념과 유사하다. 이는 리스터의 문제의식이 탈상품화가 여성을 분석대상에 포괄하지 않았다는 것에서 출발하기 때문이다. 탈상품화가 남성이 유급노동으로부터 벗어나도 적절한 생활을 보장받을 권리로 개념화되었다면, 탈가족화는 여성이 가족관계, 결혼, 돌봄 책임으로부터 벗어나도 적절한 생활을 보장 받을 권리로 개념화된 것이다. 리스터의 탈가족화가 여성의 독립성을 보장하는 권리로 개념화된 반면, 에스핑-앤더슨의 탈가족화는 상품화를 위한 조건으로 개념화되고 있다. 탈상품화가 남성만이 아닌 여성을 포괄하기 위해서는 상품화되지 않은 여성의 상품화가 필수적이다. 그리고 여성을 상품화시키기 위해서는 전통적으로 여성에게 부과된 돌봄 책임을 완화할 필요가 있는데, 이를 탈가족화라고 개념화했다. 에스핑-앤더슨의 탈가족화는 '가족으로부터의 경제적 의존과 가족에 대한 책임의 완화'인 것이다.

3. 윗글을 통해 추론할 수 있는 것으로 가장 적절하지 않은 것은?

① 국민연금은 노령으로 인해 노동시장에 참여하지 못할 경우 일정 수준의 생활을 보장하기 위해 제도화된 탈상품화 정책의 일종이라 할 수 있다.
② 재교육 훈련과 같은 적극적 노동시장 정책이 진정한 탈상품화 정책이 되기 위해서는 교육·훈련 기간 동안 일정 수준의 소득을 보장해 주어야 한다.
③ 탈가족화를 돌봄 책임의 사회화로 정의하는 관점은 에스핑-앤더슨의 견해에서 볼 때, 가정 내 여성의 독자적인 지위와 역할을 약화시킬 우려가 있다.
④ 한편에서는 탈가족화를 탈상품화에 대비해 가족에 대한 여성의 경제적 자율성을 이해하는 준거로 접근하는 데 반해, 다른 한편에서는 상품화의 전제로서 돌봄 책임의 완화를 이야기하고 있다.

4. (가), (나), (다)를 전제로 할 때, 빈칸에 들어갈 결론으로 가장 적절한 것은?

> (가) 과학에 관심이 있는 사람 중 일부는 우주에 관심이 있는 사람이 아니다.
> (나) 천문학에 관심이 있는 사람은 모두 우주에 관심이 있는 사람이다.
> (다) 우주에 관심이 있는 사람 중 일부는 과학에 관심이 없는 사람이다.
> 따라서, _____

① 과학에 관심이 있는 사람은 모두 천문학에 관심이 있는 사람이다.
② 과학에 관심이 없으면 우주에 관심이 없다.
③ 천문학에 관심이 있는 사람 중 일부는 과학에 관심이 없는 사람이다.
④ 과학에 관심이 있는 사람 중 일부는 천문학에 관심이 없는 사람이다.

5. ⟨보기⟩를 바탕으로 '부사어'에 관한 탐구 학습을 수행한 결과로 타당하지 않은 것은?

> **보기**
>
> 부사어는 문장의 부속 성분으로, 용언이나 관형어 또는 부사어 같은 문장 성분을 수식하는 역할을 하는 성분 부사어와, 문장 전체를 꾸며주거나 문장이나 단어를 이어 주는 역할을 하는 문장 부사어가 있다. 부사어는 일반적으로 문장에서 반드시 필요한 성분은 아니지만, '다르다'나 '주다'와 같은 서술어가 사용된 문장의 경우에는 생략해서는 안 되는 필수적인 문장 성분이 된다.
>
> ㄱ. 장미가 참 예쁘다.
> ㄴ. 그는 아주 새 사람이 되었다.
> ㄷ. 그는 애인에게 반지를 주었다.
> ㄹ. 다행히 약속 시간에 늦지 않았다.
> ㅁ. 올해는 비가 참 많이 내린다.

① ㄱ의 '참'과 달리, ㅁ의 '참'은 부사어를 수식하고 있다.
② ㄱ의 '참'과 ㄹ의 '다행히'는 문장에서 반드시 필요한 성분은 아니다.
③ ㄴ의 '아주'와 ㄹ의 '다행히'는 문장 전체를 수식하고 있다.
④ ㄴ의 '아주'와 달리, ㄷ의 '애인에게'는 문장에서 반드시 필요한 부사어이다.
⑤ ㄷ의 '애인에게'와 ㅁ의 '많이'는 용언을 수식하고 있다.

MEMO

DAY 01 정답 및 해설

Week 4

DAY 01 |

| 1 ① | 2 ② | 3 ③ | 4 ④ | 5 ③ |

1. ①

> **문항** 명사수의 눈
> 이렇게 문제점이 제시된 지문의 경우 보통 문제(?) → 해결(!)의 흐름을 갖게 된다. 이 점을 유념하고, 3문단에서 갈등이라는 문제에 대한 해결이 제시되고 있다는 점을 파악할 수 있었다면 정답 선지는 쉽게 골라낼 수 있었을 것이다.

정답 분석

① 3문단에서 2문단에서 법이 실현해야 하는 가치로 제시된 정의와 법적 안정성이 갈등할 때, 해결할 수 있음이 제시되고 있으므로 적절하다고 판단할 수 있다.

오답 분석

② 3문단에 따르면 실정적인 법은 그 내용이 정의롭지 못하더라도 우선성을 갖는다. 준수의무가 인정되지 않을 때는 정의를 추구하지 않거나, 평등을 입법 시에 의도적으로 부인하여 법적인 성격을 갖지 못하는 경우에 해당하므로 적절하다고 보기 어렵다.

③ 3문단에 따르면 정의를 추구하지 않거나, 평등을 입법 시에 의도적으로 부인하는 경우 법적인 성격을 갖지 못하며, 이런 기준에 비추어 보았을 때 나치법은 효력 있는 법의 품격에 이르지 못하였다고 제시되고 있으므로 적절하다고 보기 어렵다.

④ 1문단에서 명령과 법률은 이미 서로 다른 개념으로 제시되고 있으며, 2문단에 따르면 법은 최소한 법적 안정성을 제공하므로 적절하다고 보기 어렵다.

2. ②

정답 분석

② 3문단에서 급속 매몰은 분해를 막아준다는 점에서 화석 생성을 돕는 것으로 제시되고 있으므로 급속 매몰되었더라도 분해 작용을 받으면 화석으로 남기 어려울 것이라고 판단할 수 있다.

오답 분석

① 1문단에 따르면 딱딱한 조직을 가진 생명체가 그렇지 않은 생명체보다 화석이 될 가능성이 높다는 것이 제시되고 있을 뿐, 고생물 생존 당시에 대부분의 생물이 딱딱한 조직을 가졌을 것이라고 볼 수 있는 근거는 제시되고 있지 않다.

③ 2문단에서 단속 평형설은 진화의 중간 단계가 발견되지 않는다는 문제를 합리적으로 해석하기 위한 것임이 제시되고 있으므로 적절하지 않다고 판단할 수 있다.

④ 3문단에서 화석으로 남기 위해서는 분해 작용을 받지 않아야 하며, 이를 위해서는 급속 매몰될 필요가 있다면서 급속 매몰은 딱딱한 조직이 없는 생명체조차 화석으로 보존될 수 있게 한다고 제시되고 있는 점을 고려하면 적절하다고 보기 어렵다.

3. ③

> **문항** 명사수의 눈
> 이렇게 학자가 구체적으로 제시되는 경우에는 언제나 학자와 주장을 연결해 줄 수 있도록 하자. 이렇게 대비가 이루어지는 지문에서는 학자를 교체하여 오답 선지를 구성하는 유형이 곧잘 출제된다.

정답 분석

③ 6문단에 따르면 여성의 독립성이라는 측면에서 탈가족화를 개념화한 것은 에스핑-앤더슨이 아닌 리스터에 해당하므로 적절하다고 보기 어렵다.

오답 분석

① 2문단에 따르면 탈상품화는 개인 또는 가족이 시장에 의존하지 않고도 적절한 수준의 생활을 유지하는 것이다. 국민연금은 노령일 때 시장에 참가하지 않고도 생활을 보장하므로, 제도화된 탈상품화 정책의 일종이라고 판단할 수 있다.

② 2문단에 따르면 자신의 인적 자본을 확대하기 위한 교육과 훈련을 받기 위해 탈상품화가 필요한 것이며, 같은 문단에 따르면 탈상품화는 개인 또는 가족이 시장에 의존하지 않고도 적절한 수준의 생활을 유지하는 것이므로 적절하다고 판단할 수 있다.

④ 3문단에 따르면 리스터는 여성이 남성과 같이 독립적인 시민이 되지 못하는 이유를 경제적 의존성이라고 진단하면서, 탈상품화 개념이 여성의 시민권을 포괄하기 위한 보완으로 탈가족화를 제시하고 있다. 또한 에스핑-앤더슨의 경우 탈가족화를 상품화를 위한 조건으로 개념화하고 있으므로 적절하다고 판단할 수 있다.

4. ④

정답 분석

④ 과학에 관심이 있는 사람 중 일부는 우주에 관심이 있는 사람이 아니다.(첫 번째 진술)
또한 우주에 관심이 없는 사람은 천문학에 관심이 있는 사람이 아니다.(두 번째 진술의 대우)
따라서 과학에 관심이 있지만, 우주에는 관심이 없어서 천문학에 관심이 없는 어떤 사람이 존재하므로, 과학에 관심이 있는 사람 중 일부는 천문학에 관심이 없는 사람이다.

오답 분석

① (나)에 따르면 모든 천문학자는 우주에 관심이 있다. 하지만 (가)에 따르면 과학에 관심이 있지만 우주에는 관심이 없는 사람이 있고, 그 사람은 우주에 관심이 없어 (나)에 따른 천문학자의 조건을 만족하지 못하므로, 과학에 관심이 있으면서 천문학에 관심이 없는 누군가가 하나는 존재한다. 고로 해당 선지는 틀렸다.

② 이 문장의 대우는 우주에 관심이 있으면, 과학에 관심이 있다는 이야기인데, 그러한 판단을 위의 진술을 통해 단정 지을 수가 없다. 오히려 (다)에 따르면 우주에 관심이 있지만 과학에는 관심이 없는 어떤 사람이 존재한다.

③ (나)와 (다)로부터 도출될 수 있다고 생각할 수 있지만, 천문학에 관심이 있는 사람 중 과학 관심 없는 이의 존재 확인은 해당 진술들을 통해서는 타당하게 추론할 수 없다. (다)에서 우주에 관심이 있는 사람이지만, 과학에 관심이 없는 사람은 일부이므로, (나)의 천문학자가 모두 이 '일부'가 아닌 나머지라면 모든 천문학자는 우주에 관심이 있는 동시에 과학에도 관심이 있는 사람일 수 있다.

DAY 01 정답 및 해설 — Week 4

5. ③

정답 분석

③ ㄹ. '다행히 약속 시간에 늦지 않았다.'에서 부사어 '다행히'는 문장 전체인 '약속 시간에 늦지 않았다.'를 수식하고 있다. 하지만 ㄴ. '그는 아주 새 사람이 되었다.'에서 부사어 '아주'는 관형어 '새'를 수식하고 있다.

오답 분석

① ㄱ. '장미가 참 예쁘다.'에서 부사어 '참'은 용언 '예쁘다'를 수식하고 있지만, ㅁ. '올해는 비가 참 많이 내린다.'에서 부사어 '참'은 부사어 '많이'를 수식하고 있다.

② ㄱ. '장미가 참 예쁘다.'에서 부사어 '참'과 ㄹ. '다행히 약속 시간에 늦지 않았다.'에서 부사어 '다행히'는 둘 다 생략이 가능하므로, 문장에서 반드시 필요한 성분은 아니다.

④ ㄴ. '그는 아주 새 사람이 되었다.'에서 부사어 '아주'는 생략이 가능한 문장 성분이다. 하지만 ㄷ. '그는 애인에게 반지를 주었다.'에서 부사어 '애인에게'는 서술어 '주다'가 필수적으로 요구하는 문장 성분이다.

⑤ ㄷ. '그는 애인에게 반지를 주었다.'에서 부사어 '애인에게'는 용언 '주었다'를 수식하고 있으며, ㅁ. '올해는 비가 참 많이 내린다.'에서 부사어 '많이'는 용언 '내린다'를 수식하고 있다.

MEMO

[1] 다음 글을 읽고 물음에 답하시오.

주주 자본주의는 주주의 이윤을 극대화하는 것을 회사 경영의 목표로 하는 시스템을 말한다. 이 시스템은 자본가 계급을 사업가와 투자가로 나누어 놓았다. 그런데 주주 자본주의가 바꿔놓은 것이 하나 더 있다. 그것은 바로 노동자의 지위이다. 주식회사가 생기기 이전에는 노동자가 생산수단들을 소유할 수 없었지만 이제는 거의 모든 생산수단이 잘게 쪼개져 누구나 그 일부를 구입할 수 있다. 노동자는 사업가를 위해서 일하고 사업가는 투자가를 위해 일하지만, 투자가들 중에는 노동자도 있는 것이다.

주주 자본주의를 비판하는 사람들은 기업이 주주의 이익만을 고려한다면, 다수의 사람들이 이익을 얻는 것이 아니라 소수의 독점적인 투자가들만 이익을 보장받는다고 지적한다. 또한 그들은 주주의 이익뿐만 아니라 기업과 연계되어 있는 이해관계자들 전체, 즉 노동자, 소비자, 지역사회 등을 고려해야 한다고 주장한다. 이러한 입장을 이해관계자 자본주의라고 한다.

주주 자본주의와 이해관계자 자본주의는 '기업이 존재하는 목적이 무엇인가?'라는 물음에 대한 답변이라고 할 수 있다. 물론 오늘날의 기업들은 극단적으로 한 가지 형태를 띠는 것이 아니라 양자가 혼합된 모습을 보인다. 기업은 주주의 이익을 최우선적으로 고려하지만, 노조 활동을 인정하고, 지역과 환경에 투자하며, 기부와 봉사 등 사회적 활동을 위해 노력하기도 한다.

1. 윗글에서 알 수 있는 것은?

① 주주 자본주의에서 주주의 이익과 사회적 공헌이 상충할 때 기업은 사회적 공헌을 우선적으로 선택한다.
② 주주 자본주의에서는 과거에 생산수단을 소유할 수 없었던 이들이 그것을 부분적으로 소유할 수 있게 되었다.
③ 이해관계자 자본주의에서는 지역사회의 일반 주민까지도 기업 경영의 전반적 영역에서 주도적인 역할을 담당한다.
④ 주주 자본주의와 이해관계자 자본주의가 혼합되면 기업의 사회적 공헌활동은 주주 자본주의에서보다 약화될 것이다.

[2] 다음 글을 읽고 물음에 답하시오.

1964년 1월에 열린 아랍 정상회담의 결정에 따라 같은 해 5월 팔레스타인 사람들은 팔레스타인 해방기구(PLO)를 조직했다. 아랍연맹은 팔레스타인 해방기구를 팔레스타인의 유엔 대표로 인정하였으며, 팔레스타인 해방기구는 아랍 전역에 흩어진 난민들을 무장시켜 해방군을 조직했다. 바야흐로 주변 아랍국가들의 지원에 의지하던 팔레스타인 사람들이 자기 힘으로 영토를 되찾기 위해 총을 든 것이다. 그러나 팔레스타인 해방기구의 앞길이 순탄한 것은 결코 아니었다. 아랍국가 중 군주제 국가들은 이스라엘과 정면충돌할 두려워 팔레스타인 해방기구를 자기 영토 안에 받아들이지 않으려 했고, 소련과 같은 사회주의 국가들과 이집트, 시리아만이 팔레스타인 해방기구를 지원했다.

1967년 6월 5일에 이스라엘의 기습공격으로 제 3차 중동전쟁이 시작되었다. 이 '6일 전쟁'에서 아랍연합군은 참패했고, 이집트는 시나이반도를 빼앗겼다. 참패 이후 팔레스타인 해방기구의 온건한 노선을 비판하며 여러 게릴라 조직들이 탄생하였다. 팔레스타인 해방인민전선(PFLP)을 비롯한 수많은 게릴라 조직들은 이스라엘은 물론이고 제국주의에 봉사하는 아랍국가들의 집권층, 그리고 미국을 공격 목표로 삼았다. 1970년 9월에 아랍민족주의와 비동맹운동의 기수였던 이집트 대통령 나세르가 사망함으로써 팔레스타인 해방운동은 더욱 불리해졌다. 왜냐하면 사회주의로 기울었던 나세르와 달리 후임 대통령 사다트는 국영기업을 민영화하고 친미 정책을 시행했기 때문이다.

2. 윗글에서 알 수 있는 것을 〈보기〉에서 모두 고른 것은?

보기

ㄱ. 팔레스타인 해방기구는 자신들의 힘으로 잃어버린 영토를 회복하려 하였다.
ㄴ. 중동전쟁으로 인해 이집트에는 팔레스타인 해방운동을 지지했던 정권이 무너지고 반 아랍민족주의 정권이 들어섰다.
ㄷ. 팔레스타인 해방기구와 달리 강경 노선을 취하는 게릴라 조직들은 아랍권 내 세력들도 공격 대상으로 삼았다.
ㄹ. 사회주의에 경도된 아랍민족주의는 군주제를 부정했기 때문에 아랍의 군주제 국가들이 팔레스타인 해방기구를 꺼려했다.

① ㄱ, ㄴ
② ㄱ, ㄷ
③ ㄱ, ㄴ, ㄷ
④ ㄴ, ㄷ, ㄹ

[3] 다음 글을 읽고 물음에 답하시오.

　1996년 미국, EU 및 캐나다는 일본에서 위스키의 주세율이 소주에 비해 지나치게 높다는 이유로 일본을 WTO에 제소했다. WTO 패널은 제소국인 미국, EU 및 캐나다의 손을 들어주었다. 이 판정을 근거로 미국과 EU는 한국에 대해서도 소주와 위스키의 주세율을 조정해줄 것을 요구했는데, 받아들여지지 않자 한국을 WTO에 제소했다. 당시 소주의 주세율은 증류식이 50%, 희석식이 35%였는데, 위스키의 주세율은 100%로 소주에 비해 크게 높았다. 한국에 위스키 원액을 수출하던 EU는 1997년 4월에 한국을 제소했고, 5월에는 미국도 한국을 제소했다. 패널은 1998년 7월에 한국의 패소를 결정했다.
　패널의 판정은, 소주와 위스키가 직접적인 경쟁 관계에 있고 동시에 대체 관계가 존재하므로 국산품인 소주에 비해 수입품인 위스키에 높은 주세율을 적용하고 있는 한국의 주세 제도가 WTO 협정의 내국민대우 조항에 위배된다는 것이었다. 그리고 3개월 후 한국이 패널의 판정에 대해 상소했으나 상소 기구에서 패널의 판정이 그대로 인정되었다. 따라서 한국은 소주와 위스키 간 주세율의 차이를 해소해야 했는데, 그 방안은 위스키의 주세를 낮추거나 소주의 주세를 올리는 것이었다. 당시 어느 것이 옳은가에 대한 논쟁이 적지 않았다. 결국 소주의 주세율은 올리고 위스키의 주세율은 내려서, 똑같이 72%로 맞추는 방식으로 2000년 1월 주세법을 개정하여 차이를 해소했다.

3. 윗글에서 알 수 있는 것은?

① WTO 협정에 따르면, 제품 간 대체 관계가 존재하면 세율이 같아야 한다.
② 2000년 주세법 개정 결과 희석식 소주가 증류식 소주보다 주세율 상승폭이 컸다.
③ 2000년 주세법 개정 이후 소주와 위스키의 세금 총액은 개정 전에 비해 증가하였다.
④ 미국, EU 및 캐나다는 일본과의 WTO 분쟁 판정 결과를 근거로 한국에서도 주세율을 조정하고자 했다.

4. (가)와 (나)를 전제로 결론을 이끌어 낼 때, 빈칸에 들어갈 말로 가장 적절한 것은?

> (가) 국어를 잘하는 사람은 모두 교양이 있다.
> (나) 국어를 잘하는 어떤 사람은 눈이 작다.
> 따라서, _____

① 눈이 작은 어떤 사람은 교양이 있다.
② 눈이 작은 사람은 모두 교양이 있다.
③ 교양이 있는 사람은 모두 국어를 잘한다.
④ 교양이 있는 어떤 사람은 눈이 작지 않다.

5. 〈학습 활동〉을 수행한 결과로 적절한 것은?

> **학습 활동**
>
> 부사어는 부사, 체언+조사, 용언 활용형 등으로 실현된다. 부사어로써 수식하는 문장 성분은 부사어, 관형어, 서술어 등이다. 일례로 '차가 간다.'의 서술어 '간다'를 수식하기 위해 부사 '잘'을 부사어로 쓰면 '차가 잘 간다.'가 된다. [조건] 중 두 가지를 만족하도록, 주어진 문장에 부사어를 넣어 수정해 보자.
>
> [조건]
> ㉠ 부사어를 수식하기 위해 부사를 부사어로 쓴 문장
> ㉡ 관형어를 수식하기 위해 용언 활용형을 부사어로 쓴 문장
> ㉢ 관형어를 수식하기 위해 부사를 부사어로 쓴 문장
> ㉣ 서술어를 수식하기 위해 '체언+조사'를 부사어로 쓴 문장
> ㉤ 서술어를 수식하기 위해 용언 활용형을 부사어로 쓴 문장
> ⋮

	[조건]	수정 전 ⇨ 수정 후
①	㉠, ㉡	웃는 아기가 귀엽게 걷는다. ⇨ 방긋이 웃는 아기가 참 귀엽게 걷는다.
②	㉠, ㉢	화가가 굵은 선을 쭉 그었다. ⇨ 화가가 조금 굵은 선을 세로로 쭉 그었다.
③	㉡, ㉤	그를 싫어하는 사람이 있다. ⇨ 그를 무턱대고 싫어하는 사람이 많이 있다.
④	㉢, ㉣	딴 사람이 그 문제를 해결했다. ⇨ 전혀 딴 사람이 그 문제를 한순간에 해결했다.
⑤	㉣, ㉤	영미는 그 일을 처리했다. ⇨ 영미는 그 일을 원칙대로 깔끔히 처리했다.

DAY 02 정답 및 해설   Week 4

DAY 02

| 1 ② | 2 ② | 3 ② | 4 ① | 5 ④ |

1. ②

정답 분석

② 1문단에 따르면, 주주 자본주의의 도래 이후 거의 모든 생산수단이 잘게 쪼개져 누구나 그 일부를 구입할 수 있게 되었다.

오답 분석

① 1문단에 따르면, 주주 자본주의는 주주의 이윤을 극대화하는 것을 회사 경영의 목표로 하는 시스템을 말한다. 사회적 공헌을 주주의 이익보다 우선시 한다고 진술할 수 없다.

③ 2문단에 따르면, 이해관계자 자본주의에서는 지역사회라는 이해관계자를 고려해야 한다고 주장한다. 그러나 이 정보만을 바탕으로, '지역사회의 일반 주민'이 기업 경영의 전반적 영역에서 '주도적인 역할을 담당'한다고 추론할 수는 없다.

④ 3문단에 따르면, 주주 자본주의와 이해관계자 자본주의가 혼합된 형태에서는 노조 활동을 인정하고, 지역과 환경에 투자하며, 기부와 봉사 등 사회적 활동을 위해 노력한다. 이를 바탕으로 할 때, 두 자본주의가 혼합된 형태에서 기업의 사회적 공헌활동이 주주 자본주의에서보다 약화될 것이라고 진술할 수 없다.

2. ②

문항 명사수의 눈

윗글에서 알 수 있는 것을 묻는 내용 부합 문제이므로 지문과 크로스 체크하는 것을 잊지 말도록 하자.

정답 분석

② ㄱ. 1문단에 따르면 팔레스타인 해방기구는 아랍 전역에 흩어진 난민들을 무장시켜 해방군을 조직했으며, 이는 팔레스타인 사람들이 자기 힘으로 영토를 되찾기 위해 총을 든 것이라고 제시되고 있으므로 적절하다고 판단할 수 있다.

ㄷ. 2문단에 따르면 팔레스타인 해방기구의 온건한 노선을 비판하며 탄생한 팔레스타인 해방인민전선 등의 여러 게릴라 조직들은 이스라엘은 물론이고 제국주의에 봉사하는 아랍 국가들의 집권층 또한 공격 목표로 삼았으므로 적절하다고 판단할 수 있다.

오답 분석

ㄴ. 2문단에 따르면 이집트가 제 3차 중동전쟁에서 패한 것은 사실이나, 팔레스타인 해방운동을 지지한 정권이 이로 인해 무너졌다고 제시된 바 없다. 1970년 대통령 나세르가 사망함에 따라 팔레스타인 해방 운동이 불리해진 것이므로 적절하다고 보기 어렵다.

ㄹ. 1문단에 따르면 아랍의 군주제 국가들이 팔레스타인 해방기구를 자기 영토 안에 받아들이지 않으려 한 까닭은 이스라엘과 정면충돌하는 것을 두려워했기 때문이다. 아랍민족주의가 군주제를 부정했다는 내용은 제시된 바 없다.

3. ②

정답 분석

② 주세법 개정 이전 주세율은 증류식 50%, 희석식 35%였는데, 개정 이후 공히 72%가 되었으므로, 희석식 소주의 주세율 상승폭이 컸음을 알 수 있다.

오답 분석

① 2문단을 바탕으로 할 때, 한국의 주세율이 WTO 협정에 위배되었다고 본 근거는 '(1) 소주와 위스키가 직접적인 경쟁 관계에 있다.', '(2) 소주와 위스키가 대체 관계에 있다.'의 두 조건을 모두 만족시켰기 때문이다. 따라서, '제품 간 대체 관계'가 존재한다고 하더라도 두 제품이 직접적인 경쟁 관계에 있지 않다면 세율이 같아야 한다고 보지는 않았을 것이다.

③ 세금 총액을 계산하기 위해서는 각 주류의 판매량과, 판매 가격을 알아야 한다. 그러나 지문 내용만을 바탕으로 이 정보를 알 수 없으므로, 세금 총액의 변화는 특정할 수 없다.

④ 캐나다가 일본을 WTO에 제소한 것은 사실이나, 이들이 한국을 WTO에 제소하였다는 것은 지문 내용만을 바탕으로 알 수 없다. 지문에서는 '미국'과 'EU'만 명시되었다.

4. ①

정답 분석

① 예외가 없는 진술을 중심으로 접근해 보자. 우선, 국어를 잘하면 교양이 있다는 것은 확실하다. 그런데 (나)에 따르면 국어를 잘하는 사람 중에서는 눈이 작은 사람이 있다. 그렇다면 그 눈이 작은 사람은 국어를 잘하고, 그래서 교양이 있을 것이다. 정답은 ①번이다.

오답 분석

② (나)에서 "국어를 잘하는 사람 중 눈이 작은 사람이 있다."라고 했을 뿐, 눈이 작은 사람 전체가 국어를 잘한다고 일반화할 수 없다. 국어를 잘하는 사람의 집합의 부분 집합으로 눈이 작은 사람이 있다고 생각할 경우 (가)와 결합하여 도출된다고 생각할 수 있지만, 결국은 선지처럼 '모두'라는 결론으로 귀결시킬 수 없을뿐더러, 눈이 작은 사람의 집합과 국어를 잘하는 사람의 집합이 교집합이어도 된다는 점을 주의해야 한다.

③ (가)에서 "국어를 잘한다. → 교양이 있다."라는 조건이 주어졌으나, 이는 역방향(교양이 있다. → 국어를 잘한다.)이 참임을 보장하지는 않는다.

④ 국어를 잘하고 눈이 작고 교양이 있는 어떤 사람이 있다는 것 외에는 주어진 정보가 없다. 따라서 '교양이 있는 모든 사람이 눈이 작다.'가 거짓이라고 확정할 수 없다. 그렇다고 하더라도 국어를 잘하는, 즉 교양이 있는 사람 중에 눈이 작은 사람이 있다는 것 자체는 참이어서, (나)와 모순되지 않기 때문이다. 그러므로 교양이 있는 어떤 사람이 눈이 작지 않은지는 확인할 수 없다.

5. ④

정답 분석

④ '딴 사람이 그 문제를 해결했다'를 '전혀 딴 사람이 그 문제를 한순간에 해결했다.'로 수정했을 때 추가된 부사어로는 '전혀', '한순간에'가 있다. 이때 부사 '전혀'는 관형어(관형사) '딴'을 수식하고(ⓒ의 조건에 부합), '체언+조사'인 부사어 '한순간에'는 문장의 서술어 '해결했다'를 수식한다(㉢의 조건에 부합). 따라서 ⓒ과 ㉢를 만족하도록 부사어를 넣어 수정하였으므로 적절하다.

오답 분석

① '웃는 아기가 귀엽게 걷는다.'를 '방긋이 웃는 아기가 참 귀엽게 걷는다.'로 수정했을 때 추가된 부사어로는 '방긋이', '참'이 있다. 이때 부사 '방긋이'는 문장 전체에서 관형어로 쓰이는 '웃는'을 수식하고, 부사 '참'은 부사어 '귀엽게'를 수식한다(㉠의 조건에 부합). 따라서 ㉡의 조건을 만족하지 않으므로 적절하지 않다. 참고로 수정 전 문장부터 있던 용언 활용형의 부사어 '귀엽게'는 문장의 서술어 '걷는다'를 수식하고 있다.

② '화가가 굵은 선을 쭉 그었다.'를 '화가가 조금 굵은 선을 세로로 쭉 그었다.'로 수정했을 때 추가된 부사어로는 '조금', '세로로'가 있다. 이때 부사 '조금'은 문장 전체에서 관형어로 쓰이는 '굵은'을 수식하고(ⓒ의 조건에 부합), '체언+조사'인 부사어 '세로로'는 문장의 서술어 '그었다'를 수식한다. 따라서 ㉠의 조건을 만족하지 않으므로 적절하지 않다. 참고로 수정 전 문장부터 있던 부사 '쭉'은 서술어 '그었다'를 수식하고 있다.

③ '그를 싫어하는 사람이 있다.'를 '그를 무턱대고 싫어하는 사람이 많이 있다.'로 수정했을 때 추가된 부사어로는 '무턱대고', '많이'가 있다. 이때 부사 '무턱대고'는 문장 전체에서 관형어로 쓰이는 '싫어하는'을 수식하고, 부사 '많이'는 문장의 서술어 '있다'를 수식하고 있다. 따라서 ⓒ과 ㉢의 조건을 모두 만족하지 않으므로 적절하지 않다.

⑤ '영미는 그 일을 처리했다.'를 '영미는 그 일을 원칙대로 깔끔히 처리했다.'로 수정했을 때 추가된 부사어로는 '원칙대로'와 '깔끔히'가 있다. 이때 '체언+조사'인 부사어 '원칙대로'는 문장의 서술어 '처리했다'를 수식하고(㉢의 조건에 부합), 부사 '깔끔히'는 문장의 서술어 '처리했다'를 수식한다. 따라서 ㉡의 조건을 만족하지 않으므로 적절하지 않다.

Week 4

[1] 다음 글을 읽고 물음에 답하시오.

로젠햄 교수의 연구원들은 몇몇 정신병원에 위장 입원했다. 연구원들은 병원의 의사들이 자신을 어떻게 대하는지 알아보았다. 그들은 모두 완벽하게 정상이었으며 정신병자인 것처럼 가장하지 않고 정상적으로 행동했음에도 불구하고, 다만 그들이 병원에 입원해 있다는 사실 하나만으로 그들에게 정신적인 문제가 있는 것으로 간주되었다. 다시 말해 이 가짜 환자들의 모든 행위가 입원 당시의 서류에 적혀 있는 정신병의 증상으로 해석되고 있었다. 연구원들이 자신은 환자가 아니라고 주장하는 것조차 오히려 정신병의 일종으로 해석되었다. 진짜 환자 중 한 명이 그들에게 이런 주의를 주었다. "절대로 의사에게 다 나았다는 말을 하지 마세요. 안 믿을 테니까요." 의사들 중 연구원들의 정체를 알아차린 사람은 한 명도 없었지만 진짜 환자들은 오히려 이들이 가짜 환자라는 사실을 간파하였다.

의사들은 한 행동이 정신병 증상인지 아닌지를 판정하는 기준에 대한 가설을 세우고, 이 가설 하에서 모든 행동을 이해하려고 들었다. 모든 행위가 그 가설에 맞는 방식으로 해석되었다. 하지만 그 가설을 통해 사람들의 모든 행동을 나름대로 해석할 수 있다고 해서 그 가설이 옳다는 것이 증명된 것은 아니다. 누군가 '어미 코끼리는 소형 냉장고에 통째로 들어간다'라는 가설을 세웠다고 해보자. 우리는 이 가설이 참이 되는 상황과 거짓이 되는 상황을 명료하게 판정할 수 있다. 가령 우리가 어미 코끼리를 냉장고에 직접 넣어 본다고 해보자. 우리는 그 때 벌어진 상황이 어미 코끼리가 통째로 냉장고에 들어가 있는 상황인지 그렇지 않은 상황인지 잘 판별할 수 있다. 이럴 수 있는 가설이 좋은 가설이다. 의사들이 세웠던 가설은 좋은 가설이 갖는 이런 특성을 갖지 못했기 때문에 의사들은 가짜 환자들을 계속 알아볼 수 없었다.

1. 윗글의 의사들이 오류를 범한 까닭으로 가장 적절한 것은?

① 의사들은 자신의 가설이 옳다는 것을 자각하지 못했다.
② 의사들의 가설은 진위 여부가 명료하게 판별되지 않는 가설이었다.
③ 의사들의 가설은 정신병이 치료될 수 있다는 사실을 반영하지 않았다.
④ 의사들은 자신의 가설이 정신병자의 주장과 부합되어야 한다는 점을 알지 못했다.

[2] 다음 글을 읽고 물음에 답하시오.

1880년 조지 풀맨은 미국 일리노이 주에 풀맨 마을을 건설했다. 이 마을은 그가 경영하는 풀맨 공장 노동자들을 위해 기획한 공동체이다. 이 마을의 소유자이자 경영자인 풀맨은 마을의 교회 수 및 주류 판매 여부 등을 결정했다. 1898년 일리노이 최고법원은 이런 방식의 마을 경영이 민주주의 정신과 제도에 맞지 않는다고 판결하고, 풀맨에게 공장 경영과 직접 관련되지 않은 정치적 권한을 포기할 것을 명령했다. 이 판결이 보여주는 것은 민주주의 사회에서 소유권을 인정하는 것이 자동적으로 정치적 권력에 대한 인정을 함축하지 않는다는 점이다. 즉 풀맨이 자신의 마을에서 모든 집과 가게를 소유하는 것은 적법하지만, 그가 노동자들의 삶을 통제하며 그 마을에서 민주적 자치의 방법을 배제했기 때문에 결과적으로 민주주의 정신을 위배했다는 것이다.

이 결정은 분명히 미국 민주주의 정신에 부합한다. 하지만 문제는 미국이 이와 비슷한 다른 사안에는 동일한 민주주의 정신을 적용하지 않았다는 것이다. 미국은 누군가의 소유물인 마을에서 노동자들이 민주적 결정을 하지 못하게 하는 소유자의 권력을 제지한 반면, 누군가의 소유물인 공장에서 노동자들이 민주적 의사결정을 도입하고자 하는 것에는 반대했다. 만약 미국의 민주주의 정신에 따라 마을에서 재산 소유권과 정치적 권력을 분리하라고 명령할 수 있다면, 공장 내에서도 재산 소유권과 정치적 권력은 분리되어야 한다고 명령할 수 있어야 한다. 공장 소유주의 명령이 공장 내에서 절대적 정치권력이 되어서는 안 된다는 것이다. 하지만 미국은 공장 내에서 소유주의 명령이 공장 운영에 대한 노동자의 민주적 결정을 압도하는 것을 묵인한다. 공장에서도 민주적 원리가 적용되어야만 미국의 민주주의가 일관성을 가진다.

2. 윗글의 주장에 대한 반박으로 가장 적절한 것은?

① 미국의 경우 마을 운영과 달리 공장 운영에 관한 법적 판단은 주 법원이 아닌 연방 법원에서 다루어야 한다.
② 대부분의 미국 자본가들은 풀맨 마을과 같은 마을을 경영하지 않으므로 미국의 민주적 가치를 훼손하지 않는다.
③ 미국이 내세우는 민주적 가치는 모든 시민이 자신의 거주지 안에서 자유롭게 살 수 있는 권리를 가장 우선시한다.
④ 마을 운영이 정치적 문제에 속하는 것과 달리 공장 운영은 경제적 문제에 속하므로 전적으로 소유주의 권한에 속한다.

[3] 다음 글을 읽고 물음에 답하시오.

　탁주는 혼탁한 술이다. 탁주는 알코올 농도가 낮고, 맑지 않아 맛이 텁텁하다. 반면 청주는 탁주에 비해 알코올 농도가 높고 맑은 술이다. 그러나 얼마만큼 맑아야 청주이고 얼마나 흐려야 탁주인가 하는 질문에는 명쾌하게 답을 내리기가 쉽지 않다. 탁주의 정의 자체에 혼탁이라는 다소 불분명한 용어가 쓰이기 때문이다. 과학적이라고 볼 수는 없지만, 투명한 병에 술을 담고 그 병 뒤에 작은 물체를 두었을 경우 그 물체가 희미하게 보이거나 아예 보이지 않으면 탁주라고 부른다. 술을 담은 병 뒤에 둔 작은 물체가 희미하게 보일 때 이 술의 탁도는 350ebc 정도이다. 청주의 탁도는 18ebc 이하이며, 탁주 중에 막걸리는 탁도가 1,500ebc 이상인 술이다.

　막걸리를 만들기 위해서는 찹쌀, 보리, 밀가루 등을 시루에 쪄서 만든 지에밥이 필요하다. 적당히 말린 지에밥에 누룩, 효모와 물을 섞어 술독에 넣고 나서 며칠 지나면 막걸리가 만들어진다. 술독에서는 미생물에 의한 당화과정과 발효과정이 거의 동시에 일어나며, 이 두 과정을 통해 지에밥의 녹말이 알코올로 바뀌게 된다. 효모가 녹말을 바로 분해하지 못하므로, 지에밥에 들어있는 녹말을 엿당이나 포도당으로 분해하는 당화과정에서는 누룩곰팡이가 중요한 역할을 한다. 누룩곰팡이가 갖고 있는 아밀라아제는 녹말을 잘게 잘라 엿당이나 포도당으로 분해한다. 이 당화과정에서 만들어진 엿당이나 포도당을 효모가 알코올로 분해하는 과정을 발효과정이라 한다. 당화과정과 발효과정 중에 나오는 에너지로 인하여 열이 발생하게 되며, 이 열로 술독 내부의 온도인 품온(品溫)이 높아진다. 품온은 막걸리의 질과 풍미를 결정하기에 적정 품온이 유지되도록 술독을 관리해야 하는데, 일반적인 적정 품온은 23~28°C이다.

※ ebc : 유럽양조협회에서 정한 탁도의 단위.

3. 윗글에서 알 수 있는 것은?

① 청주와 막걸리의 탁도는 다르지만 알코올 농도는 같다.
② 지에밥의 녹말이 알코올로 변하면서 발생하는 열이 품온을 높인다.
③ 누룩곰팡이가 지닌 아밀라아제는 엿당이나 포도당을 알코올로 분해한다.
④ 술독에 넣는 효모의 양을 조절하면 청주와 막걸리를 구분하여 만들 수 있다.

4. 대도시의 회사원들을 대상으로 취미에 대한 조사를 했더니, 게임을 취미로 즐기는 회사원들 중 일부는 드라마 시청도 취미였고, 음악 감상을 즐기는 회사원들은 모두 악기 연주를 할 수 있었다. 그리고 음악 감상을 하지 않는 회사원들은 아무도 드라마 시청을 하지 않은 것으로 나타났다. 이 경우 반드시 참인 것은?

① 음악 감상을 즐기는 모든 회사원들은 게임을 취미로 즐긴다.
② 드라마 시청을 즐기는 모든 회사원들은 게임을 취미로 즐긴다.
③ 게임을 즐기는 회사원들 중 일부는 악기 연주를 할 수 있다.
④ 드라마 시청을 즐기는 회사원들은 악기 연주를 할 수 없다.

5. 〈보기〉는 문법 수업의 일부이다. 선생님의 설명에 따라 ㉠~㉣을 이해한 내용으로 가장 적절한 것은?

> **보기**
>
> 선생님 : 오늘은 사동문과 피동문의 서술어 자릿수에 대해 공부해 봅시다. 주동문이 사동문으로 바뀔 때나, 능동문이 피동문으로 바뀔 때는 서술어 자릿수가 변하기도 합니다. 이 점을 고려하면서 다음 문장들을 살펴봅시다.
>
> ㉠ 얼음이 매우 빠르게 녹았다.
> ㉡ 아이들이 얼음을 빠르게 녹였다.
> ㉢ 사람들은 산을 멀리서 보았다.
> ㉣ 그 산이 잘 보였다.

① ㉠은 피동문이며, ㉣과 서술어 자릿수가 서로 같다.
② ㉡은 사동문이며, ㉢과 서술어 자릿수가 서로 같다.
③ ㉡은 피동문이며, ㉣과 서술어 자릿수가 서로 다르다.
④ ㉣은 사동문이며, ㉡과 서술어 자릿수가 서로 같다.
⑤ ㉣은 사동문이며, ㉢과 서술어 자릿수가 서로 다르다.

DAY 03 정답 및 해설 — Week 4

DAY 03

| 1 ② | 2 ④ | 3 ② | 4 ③ | 5 ② |

1. ②

> **문항** 명사수의 눈
>
> 연결어를 통한 협력적 읽기의 중요성을 잘 보여 주는 지문이다. 2문단에서 "이런 특성을 갖지 못했기 때문에 의사들은 가짜 환자들을 계속 알아볼 수 없었다"라고 제시된 것에서 '이런 특성'이라는 표현을 통해 바로 앞 두 문장을 협력해 하나의 정보로 처리할 수 있었다면 정답 선지를 고르는 것은 쉬웠을 것이다.

정답 분석

② 2문단에 따르면 의사들이 가짜 환자들을 계속 알아보지 못한 '오류'를 범한 까닭은 의사들이 세운 '한 행동이 정신병 증상인지 아닌지를 판정하는 기준에 대한 가설'이 '좋은 가설'이 갖는 '이런 특성'을 갖지 못했기 때문이다. 이때 '이런 특성'을 갖는 '좋은 가설'은 '어미 코끼리는 소형 냉장고에 통째로 들어간다'와 같이 참이 되는 상황과 거짓이 되는 상황을 명료하게 판단할 수 있는 가설을 말한다. 따라서 의사들의 가설은 진위 여부가 명료하게 판별되지 않는 가설이었다고 볼 수 있다.

오답 분석

① 2문단에 따르면 의사들은 자신이 세운 가설하에서 모든 행동을 이해하려고 들었으며, 그래서 가짜 환자들의 모든 행위가 그 가설에 맞는 방식으로 해석되었다. 따라서 의사들은 오히려 자신들의 가설이 옳다고 여겼을 것이라 추론할 수 있다. 또한 동 문단에 따르면 의사들이 오류를 범한 까닭은 의사들이 세운 가설이 좋은 가설이 가져야 할 '참이 되는 상황과 거짓이 되는 상황을 명료하게 판정할 수 있'다는 특성을 갖지 못했기 때문이다.

③ 1문단에 따르면 로젠햄 교수의 연구원들은 처음부터 완벽하게 정상이었고, 정상적으로 행동했다. 그럼에도 의사들은 이들의 행동을 서류에 적혀 있는 정신병의 증상으로 해석했으므로, 의사들은 치료되었다는 사실을 반영하는 데 실패한 것이 아니라 정신병의 유무를 처음부터 오판한 것이라고 볼 수 있다. 2문단에 따르면 의사들이 이러한 오류를 범한 까닭은, 그들이 세운 가설이 좋은 가설이 가져야 할 '참이 되는 상황과 거짓이 되는 상황을 명료하게 판정할 수 있'다는 특성을 갖지 못했기 때문이다.

④ 2문단에 따르면 의사들이 오류를 범한 까닭은 의사들이 세운 가설이 좋은 가설이 가져야 할 '참이 되는 상황과 거짓이 되는 상황을 명료하게 판정할 수 있'다는 특성을 갖지 못했기 때문이지, 의사들이 자신의 가설이 정신병자의 주장과 부합되어야 한다는 점을 알지 못했기 때문이 아니다.

2. ④

> **문항** 명사수의 눈
>
> 반박으로 적절하기 위해서는 주장의 논리적 전개를 공격하는 것이어야 한다. 즉, 공격하는 부분이 대상이 실제로 주장한 바여야 하며, 이를 통해 본래의 결론이 도출되지 않게 되어야 한다. 이 점을 유념하며 선지를 판단해 보도록 하자.

정답 분석

④ 지문은 소유권과 정치권력을 분리한 일리노이 주 풀맨 마을의 사례와 달리, 공장 운영에서 노동자들이 민주적 결정을 하지 못하고 공장 소유주의 명령이 절대적 정치권력이 되는 것은 소유권과 정치권력을 분리하지 않은 것이라고 본다. 따라서 공장에서도 민주적 원리가 적용되어야 민주주의가 일관성을 가진다고 주장한다. 그런데 공장 소유주가 명령을 통해 공장을 운영하는 것이 정치적 문제가 아니라 경제적 문제일 뿐이라면, 노동자들이 민주적 결정을 하지 못하는 것은 공장 소유주의 경제적 소유권을 인정한 것에 지나지 않을 것이다. 따라서 소유권과 정치권력을 동일시한 것이 아니게 되어 민주주의가 일관성을 가진다고 볼 수 있을 것이므로 적절한 반박이라고 볼 수 있다.

오답 분석

① 지문은 소유권과 정치권력을 분리한 일리노이 주 풀맨 마을의 사례와 달리, 공장 운영에서 노동자들이 민주적 결정을 하지 못하고 공장 소유주의 명령이 절대적 정치권력이 되는 것은 소유권과 정치권력을 분리하지 않은 것이라고 본다. 따라서 공장에서도 민주적 원리가 적용되어야 민주주의가 일관성을 가진다고 주장하고 있는 것이다. 즉, 풀맨 마을에 대한 판결과 달리 공장에서 노동자들이 민주적 의사 결정을 도입하는 것에 반대한 것을 문제 삼고 있는 것이지 법적 판단의 주체는 논의의 대상이 아니므로 적절하다고 볼 수 없다.

② 지문은 소유권과 정치권력을 분리한 일리노이 주 풀맨 마을의 사례와 달리, 공장 운영에서 노동자들이 민주적 결정을 하지 못하고 공장 소유주의 명령이 절대적 정치권력이 되는 것은 소유권과 정치권력을 분리하지 않은 것이라고 본다. 따라서 공장에서도 민주적 원리가 적용되어야 민주주의가 일관성을 가진다고 주장하고 있는 것이다. 즉, 문제시되고 있는 것은 풀맨 마을과 같이 경영되었던 마을의 존재가 아니라 마을과 공장에 대한 판결의 상이성인 것이므로 적절한 반박이라고 볼 수 없다.

③ 마을을 거주지, 공장을 거주지가 아닌 일하는 장소로 분리해 본다고 하더라도 선지의 주장이 민주적 가치를 거주지에서 자유롭게 사는 것 '만으로' 국한하고 있는 것이 아니므로 적절하다고 볼 수 없다.

국어 치열하게 독하게

3. ②

정답 분석

② 2문단에 따르면, 당화과정과 발효과정을 통해 지에밥의 녹말이 알코올로 바뀌며, 이 과정 중 나오는 에너지로 인해 발생하는 열로 품온이 높아진다.

오답 분석

① 1문단에 따르면, 청주는 탁주에 비해 알코올 농도가 높다.
③ 2문단에 따르면, 엿당이나 포도당을 알코올로 분해하는 것은 효모이다.
④ 지문에서 청주와 막걸리를 구분하여 만드는 방법은 설명하지 않았다.

4. ③

정답 분석

③ 음악 감상을 하지 않으면 드라마 시청을 하지 않는다는 것의 대우인 드라마를 시청하면 음악 감상을 한다로부터 시작해 보자. 그런데 음악 감상을 즐기는 회사원들은 모두 악기를 연주할 수 있으므로, 드라마를 시청하는 회사원들은 모두 악기를 연주할 수 있다.(삼단 논법) 그런데, 게임을 즐기는 회사원들 중 일부는 드라마 시청도 취미이므로, 그런 회사원은 음악 감상도 취미고, 따라서 악기도 연주할 수 있다.

오답 분석

① 게임을 즐기는 어떤 회사원은 음악 감상도 즐김이 확인될 뿐, 음악 감상을 즐기는 모든 회사원들이 게임도 즐긴다는 결론이 도출되지 않는다.
② 드라마 시청이 취미인 모든 회사원들은 음악 감상도 취미지만, 게임에 대해서는 '게임을 취미로 즐기는 회사원들 중 일부는 드라마 시청도 취미'라고 하여 둘 사이에 교집합이 있다고 제시되고 있을 뿐이다. 따라서 모두 게임을 즐긴다는 결론을 전제에서 타당하게 도출하기는 어렵다.
④ 드라마 시청을 즐기는 회사원들은 음악 감상을 즐기는 회사원들이므로 악기 연주를 할 수 있다. 이 선택지는 전제와 모순된다.

5. ②

정답 분석

② ⓒ은 얼음을 녹게 한 것이기 때문에 사동문이고, '녹이다'라는 서술어는 주어와 목적어가 필요한 두 자리 서술어이다. ⓒ의 서술어 '보다'는 주어와 목적어가 필요한 두 자리 서술어이므로 ⓒ과 서술어 자릿수가 서로 같다.

오답 분석

① ㉠은 피동문이 아니며, '녹다'라는 서술어는 주어를 요하는 한 자리 서술어이다. ⓔ의 '보이다'는 주어를 요하는 한 자리 서술어이다.
③ ⓒ은 피동문이 아니며, ⓔ과는 서술어 자릿수가 다르다.
④ ⓔ은 사동문이 아닌 피동문이고, ⓒ과 서술어 자릿수는 서로 다르다.
⑤ ⓔ은 사동문이 아닌 피동문이고, ⓒ과 서술어 자릿수는 서로 다르다.

[1] 다음 글을 읽고 물음에 답하시오.

쾌락과 관련된 사실에 대해서 충분한 정보를 갖고, 오랜 시간 숙고하여 자신의 선호를 합리적으로 판별할 수 있는 사람을 높은 수준의 합리적 사람이라고 한다. 이런 사람은 가치 수준이 다른 두 종류의 쾌락에 대해서 충분히 판단할 만한 위치에 있다. 그리하여 높은 수준의 합리적 사람이 선호하는 쾌락은 실제로 더 가치 있는 쾌락이다. 예컨대 그가 호떡 한 개를 먹고 느끼는 쾌락보다 수준 높은 시 한 편이 주는 쾌락을 선호한다면 시 한 편이 주는 쾌락이 더 가치 있다. 그것이 더 가치가 있는 것은 높은 수준의 합리적 사람이 더 선호하기 때문이다. 이런 방법으로 우리는 높은 수준의 합리적 사람이 선호하는 것을 통해서 쾌락의 가치 서열을 정할 수 있다. 나아가 우리는 최고 가치에 도달할 수 있다. 가령 높은 수준의 합리적 사람이 그 어떤 쾌락보다도 행복을 선호한다면, 이는 행복이 최고 가치라는 것을 뜻한다. 따라서 우리는 최고 가치가 무엇인지 알 수 있다.

1. 윗글에 나타난 논증에 대한 반박으로 적절하지 않은 것은?

① 대부분의 사람은 시 한 편과 호떡 한 개 중에서 호떡을 선택한다.
② 높은 수준의 합리적 개인들 사이에서도 쾌락의 선호가 다를 수 있다.
③ 높은 수준의 합리적 사람이 행복을 최고 가치로 여긴다고 해서 행복이 최고 가치인 것은 아니다.
④ 자신의 선호를 판별할 수 있는 높은 수준의 합리적 능력을 지닌 사람들은 실제로 존재하지 않는다.

[2] 다음 글을 읽고 물음에 답하시오.

휴대전화를 뜻하는 '셀룰러폰'은 이동 통신 서비스에서 하나의 기지국이 담당하는 지역을 셀이라고 말한 것에서 유래하였다. 이동 통신은 주어진 총 주파수 대역폭을 다수의 사용자가 이용하므로 통화 채널당 할당된 주파수 대역을 재사용하는 기술이 무엇보다 중요하다. 이동 통신 회사들은 제한된 주파수 자원을 보다 효율적으로 사용하기 위하여 넓은 지역을 작은 셀로 나누고, 셀의 중심에 기지국을 만든다. 각 기지국마다 특정 주파수 대역을 사용해 서비스를 제공하는데, 일정 거리 이상 떨어진 기지국은 동일한 주파수 대역을 다시 사용함으로써 주파수 재사용률을 높인다. 예를 들면, 아래 그림은 특정 지역에 이동 통신 서비스를 제공하기 위하여 네 종류의 주파수 대역(F_1, F_2, F_3, F_4)을 사용하고 있다. 주파수 간섭 문제를 피하기 위해 인접한 셀들은 서로 다른 주파수 대역을 사용하지만, 인접하지 않은 셀에서는 이미 사용하고 있는 주파수 대역을 다시 사용하는 것을 볼 수 있다. 이렇게 셀을 구성하여 방대한 지역을 제한된 몇 개의 주파수 대역으로 서비스할 수 있다.

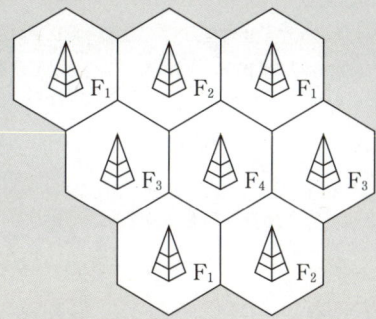

하나의 기지국이 감당할 수 있는 최대 통화량은 일정하다. 평지에서 기지국이 전파를 발사하면 전파의 장은 기지국을 중심으로 한 원 모양이지만, 서비스 지역에 셀을 배치하는 시스템 설계자는 해당 지역을 육각형의 셀로 디자인하여 중심에 기지국을 배치한다. 기지국의 전파 강도를 조절하여 셀의 반지름을 반으로 줄이면 면적은 약 1/4로 줄어들게 된다. 따라서 셀의 반지름을 반으로 줄일 경우 동일한 지역에는 셀의 수가 약 4배가 되고, 수용 가능한 통화량도 약 4배로 증가하게 된다. 이를 이용하여 시스템 설계자는 평소 통화량이 많은 곳은 셀의 반지름을 줄이고 통화량이 적은 곳은 셀의 반지름을 늘려 서비스 효율성을 높인다.

2. 윗글에서 알 수 없는 것은?

① 주파수 재사용률을 높이기 위해 기지국의 전파 강도를 높여 이동 통신 서비스를 제공한다.
② 제한된 수의 주파수 대역으로 넓은 지역에 이동 통신 서비스를 제공할 수 있다.
③ 인접 셀에서 같은 주파수 대역을 사용하면 주파수 간섭 문제가 발생할 수 있다.
④ 시스템 설계자는 서비스 지역의 통화량에 따라 셀의 반지름을 정한다.

[3] 다음 글을 읽고 물음에 답하시오.

어떤 고대 그리스 철학자는 눈, 우박, 얼음의 생성에 대해 다음과 같이 주장했다. 특정한 구름이 바람에 의해 강력하고 지속적으로 압축될 때 그 구름에 구멍이 있다면, 작은 물 입자들이 구멍을 통해서 구름 밖으로 배출된다. 그리고 배출된 물은 하강하여 더 낮은 지역에 있는 구름 내부의 극심한 추위 때문에 동결되어 눈이 된다. 또는 습기를 포함하고 있는 구름들이 옆에 나란히 놓여서 서로 압박할 때, 이를 통해 압축된 구름 속에서 물이 동결되어 배출되면서 눈이 된다. 구름은 물을 응고시켜서 우박을 만드는데, 특히 봄에 이런 현상이 빈번하게 생긴다.

얼음은 물에 있던 둥근 모양의 입자가 밀려나가고 이미 물 안에 있던 삼각형 모양의 입자들이 함께 결합하여 만들어진다. 또는 밖으로부터 들어온 삼각형 모양의 물 입자가 함께 결합하여 둥근 모양의 물 입자를 몰아내고 물을 응고시킬 수도 있다.

3. 윗글의 철학자의 주장으로부터 추론할 수 없는 것은?

① 구름의 압축은 바람에 의해 발생하는 경우도 있고, 구름들의 압박에 의해 발생하는 경우도 있다.
② 날씨가 추워지면 둥근 모양의 물 입자가 삼각형 모양의 물 입자로 변화한다.
③ 물에는 둥근 모양의 입자뿐 아니라 삼각형 모양의 입자도 있다.
④ 봄에는 구름이 물을 응고시키는 경우가 자주 발생한다.

국어 치열하게 독하게

4. (가)와 (나)를 전제로 결론을 이끌어 낼 때, 빈칸에 들어갈 말로 가장 적절한 것은?

> (가) 국어를 잘하는 사람은 모두 문해력이 뛰어나다.
> (나) 국어를 잘하는 어떤 사람은 수필을 잘 쓴다.
>   따라서, _____

① 문해력이 뛰어난 사람은 모두 수필을 잘 쓰지 않는다.
② 수필을 잘 쓰는 사람은 모두 문해력이 뛰어나다.
③ 문해력이 뛰어난 사람은 모두 국어를 잘한다.
④ 수필을 잘 쓰는 어떤 사람은 문해력이 뛰어나다.

5. 〈보기 1〉을 참고하여, 〈보기 2〉의 문장을 탐구한 내용으로 적절한 것은?

> **보기 1**
>
> 문장의 성립을 위해서 서술어가 반드시 필요로 하는 문장 성분의 개수를 '서술어의 자릿수'라고 한다. 다음의 예문을 통해 이를 탐구해 보자.
>
> 윤아는 맑은 하늘을 좋아한다.
> ㉠   ㉡   ㉢   서술어
>
> [탐구 과정]
> 1) ㉠이 없을 경우 : '좋아한다'의 주체(주어)가 빠져서 문장이 성립되지 않는다.
> 2) ㉡이 없을 경우 : '하늘'을 꾸며 주는 말(관형어)이므로 문장의 성립 여부에 영향을 주지 않는다.
> 3) ㉢이 없을 경우 : '윤아'가 좋아하는 대상(목적어)이 빠져서 문장이 성립되지 않는다.
>
> [탐구 결과]
> '좋아한다'는 주어(㉠)와 목적어(㉢)를 반드시 필요로 하는 두 자리 서술어이다.

> **보기 2**
> ㄱ. 희선이는 맛있는 빵을 먹었다.
> ㄴ. 빨간 장미꽃이 활짝 피었다.

① ㄱ은 '희선이는'을 생략해도 문장이 성립한다.
② ㄴ은 '빨간'과 '장미꽃이'를 생략해도 문장이 성립한다.
③ ㄱ의 '먹었다'와 ㄴ의 '피었다'는 모두 목적어를 반드시 필요로 한다.
④ ㄱ의 '맛있는'과 ㄴ의 '활짝'은 서술어가 반드시 필요로 하는 문장 성분이다.
⑤ ㄱ의 '먹었다'는 두 자리 서술어이고, ㄴ의 '피었다'는 한 자리 서술어이다.

DAY 04 정답 및 해설   Week 4

DAY 04

| 1 ① | 2 ① | 3 ② | 4 ④ | 5 ⑤ |

1. ①

> **문항 명사수의 눈**
> 반박으로 적절하기 위해서는 반박의 대상인 주장의 논리 전개를 공격해야 하는 것임을 유념하자. 예를 들어 A는 B이기 때문에 C이다라는 형식으로 제시된다면 A가 C이기 위한 전제 조건인 B를 부정하거나, A가 B더라도 C가 아닐 수 있음을 보여야 하는 것이다.

정답 분석
① 지문의 주장은 높은 수준의 합리적 사람이 최고 가치를 결정할 수 있다는 것이다. 따라서 이런 '높은 수준의 합리적 사람'이 아닌 다수가 무엇을 선호하는지는 지문에 제시된 논리에 어떠한 반박 근거로도 작용할 수 없다.

오답 분석
② 지문의 주장은 높은 수준의 합리적 사람의 선호를 통해 쾌락의 가치 서열을 결정할 수 있다는 것이다. 만약 갑과 을 두 명의 '높은 수준의 합리적 사람'이 존재하여, 두 쾌락 A, B에 대해 갑은 A를 B보다, 을은 B를 A보다 선호하면 둘 중 무엇이 '더 높은 수준의 쾌락'인지 결정할 수 없을 것이므로 적절하다고 판단할 수 있다.
③ 지문의 주장은 높은 수준의 합리적 사람의 선호를 통해 쾌락의 가치 서열을 결정하고, 이를 통해 최고 가치를 정할 수 있다는 것이다. 만약 높은 수준의 합리적 사람이 최고 가치로 여기더라도 실제 그 쾌락이 최고 가치가 아니라면 이를 통해 높은 수준의 합리적 사람의 선호를 통해 최고 가치를 정할 수 있다는 논증이 불가능할 것이므로 적절하다고 판단할 수 있다.
④ 지문의 주장은 높은 수준의 합리적 사람의 선호를 통해 쾌락의 가치 서열을 결정할 수 있다는 것이다. 만약 높은 수준의 합리적 사람은 존재하지 않는다면, 쾌락의 가치 서열을 결정할 수 있는 권위가 존재하지 않으므로 최고 가치를 파악하는 것은 불가능할 것이므로 적절하다고 판단할 수 있다.

2. ①

정답 분석
① 1문단에 따르면, 일정 거리 이상 떨어진 기지국이 동일한 주파수 대역을 다시 사용함으로써 주파수 재사용률을 높일 수 있다. 지문 내용만을 바탕으로 할 때, 선지에 언급된 '기지국의 전파 강도를 높'인다는 것과, 일정 거리 이상 떨어진 기지국이 동일한 주파수 대역을 다시 사용하는 것의 인과 관계가 불명확하므로 임의의 기지국의 전파 강도를 높였을 때 주파수 재사용률의 변화가 어떻게 될지 특정할 수 없다.

오답 분석
② 1문단에 따르면, 제한된 수의 주파수 자원을 보다 효율적으로 사용하기 위해 이동 통신 회사들은 넓은 지역을 작은 셀로 나누고, 셀의 중심에 기지국을 만들어 서비스를 제공한다.
③ 1문단에 따르면, 주파수 간섭 문제를 피하기 위해 인접한 셀들은 서로 같은 주파수 대역을 사용하지 않는다. 만약 인접한 셀들이 서로 같은 주파수 대역을 사용한다면, 주파수 간섭 문제가 발생할 가능성이 존재하기 때문이다.
④ 2문단에 따르면, 시스템 설계자는 평소 통화량이 많은 곳은 셀의 반지름을 줄이고 통화량이 적은 곳은 셀의 반지름을 늘려 서비스 효율성을 높인다.

3. ②

> **문항 명사수의 눈**
> 이렇게 지문의 길이가 짧은 경우, 더욱이 병렬도 대비라는 관점 아래 독해해 주는 것이 도움이 된다. 정보의 밀도가 높을 것이라 예상할 수 있으므로, 지문의 내용을 유사한 의미로 뭉개서 읽지 않도록 주의하도록 하자.

정답 분석
② 2문단에 따르면 둥근 모양의 입자가 밀려 나가면 '이미 물 안에 있던' 삼각형 입자끼리 서로 결합해 얼음을 형성하는 것이지, 둥근 모양의 물 입자에서 변화하는 것이 아니므로 적절하다고 볼 수 없다.

오답 분석
① 1문단에서 바람에 의해 강력하고 지속적으로 압축되는 경우, 구름들이 옆에 나란히 놓여서 서로 압박할 때, 이를 통해 구름이 압축되는 경우 두 경우가 제시되고 있으므로 적절하다고 판단할 수 있다.
③ 2문단에 따르면 물에 있던 둥근 모양의 입자가 밀려나가고 이미 물 안에 있던 삼각형 모양의 입자들이 함께 결합하면 얼음이 만들어진다고 제시되고 있다. 이는 물 입자에 둥근 모양과 삼각형 모양이라는 두 모양의 입자가 있다는 것을 내포하는 것이므로 적절하다고 판단할 수 있다.
④ 1문단에 따르면 구름은 물을 응고시켜서 우박을 만드는데, 특히 봄에 이런 현상이 빈번하게 생기므로 적절하다고 판단할 수 있다.

4. ④

정답 분석

④ 국어를 잘하는 어떤 사람은 수필을 잘 쓴다고 하였고, 국어를 잘하는 사람이면 문해력이 뛰어나다고 하였다. 따라서 수필을 잘 쓰는 사람 중에서는 (나)에 해당하는 사람으로, 국어를 잘 하는 사람이 있을 것이고, 그 사람은 국어를 잘 하므로, (가)에 따라 그 사람은 문해력이 뛰어나다는 결론을 이끌어 낼 수 있다.

오답 분석

① (가) 진술에 따라서 문해력이 뛰어난 사람의 집합은 국어를 잘하는 사람의 집합보다 크다. 그런데 이 국어를 잘하는 사람의 집합 중 적어도 일부가 수필을 잘 쓰는 것이므로, 문해력이 좋은 사람 중 적어도 일부가 수필을 잘 쓴다고 판단할 수 있으므로, 모두가 수필을 잘 쓰지 않는다고 타당하게 추론할 수는 없다.

② 국어를 잘하는 사람들이 문해력이 뛰어나다는 것은 알지만, 수필을 잘 쓰는 사람들이 모두 문해력이 뛰어난 것은 알 수 없다. (가)를 통해서 국어를 잘하는 사람의 집합이 문해력이 뛰어난 사람의 집합의 부분 집합임을, (나)를 통해서 국어를 잘하는 사람의 집합과 수필을 잘 쓰는

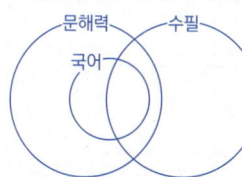

사람의 집합 사이에 교집합이 있다는 것을 알 수 있을 뿐, 수필을 잘 쓰는 사람의 집합이 문해력이 뛰어난 사람의 집합의 부분 집합임을 확정할 수 없기 때문이다. 왼쪽과 같은 구조라면 (가), (나)와 모순되지 않지만, ② 선지가 성립하지 않는다.

③ (가)에서는 국어를 잘하는 사람은 모두 문해력이 뛰어나다고 했지만, 문해력이 뛰어난 사람이 반드시 국어를 잘한다는 것은 아니다.

5. ⑤

정답 분석

⑤ ㄱ의 '희선이는 맛있는 빵을 먹었다.'에서 서술어 '먹었다'는 주어 '희선이는'과 목적어 '빵을'을 필수적으로 요구하는 두 자리 서술어이고, ㄴ의 '빨간 장미꽃이 활짝 피었다.'에서 서술어 '피었다'는 주어 '장미꽃이'를 필수적으로 요구하는 한 자리 서술어이다.

오답 분석

① ㄱ의 '희선이는'은 문장의 주어이므로 생략하면 문장이 성립하지 않는다.

② ㄴ의 '빨간'은 관형어이므로 생략해도 문장이 성립하지만, '장미꽃이'는 문장의 주어이므로 생략하면 문장이 성립하지 않는다.

③ ㄱ의 '먹었다'는 목적어 '빵을'을 반드시 필요로 하지만, ㄴ의 '피었다'는 목적어를 필요로 하지 않는다.

④ ㄱ의 '맛있는'은 관형어로, 서술어 '먹었다'가 반드시 필요로 하는 문장 성분이 아니다. ㄴ의 '활짝'은 부사어로, 서술어 '피었다'가 반드시 필요로 하는 문장 성분이 아니다.

Week 4

[1] 다음 글을 읽고 물음에 답하시오.

첫째, 필요조건으로서 원인은 "어떤 결과의 원인이 없었다면 그 결과도 없다"는 말로 표현할 수 있다. 예를 들어 (가) 만일 원치 않는 결과를 제거하고자 할 때 그 결과의 원인이 필요조건으로서 원인이라면, 우리는 그 원인을 제거하여 결과가 일어나지 않게 할 수 있다.

둘째, 충분조건으로서 원인은 "어떤 결과의 원인이 있었다면 그 결과도 있다"는 말로 표현할 수 있다. 예를 들어 (나) 만일 특정한 결과를 원할 때 그것의 원인이 충분조건으로서 원인이라면, 우리는 그 원인을 발생시켜 그것의 결과가 일어나게 할 수 있다.

셋째, 필요충분조건으로서 원인은 "어떤 결과의 원인이 없다면 그 결과는 없고, 동시에 그 원인이 있다면 그 결과도 있다"는 말로 표현할 수 있다. 예를 들어 (다) 필요충분조건으로서 원인의 경우, 원인을 일으켜서 그 결과를 일으키고 원인을 제거해서 그 결과를 제거할 수 있다.

1. 윗글의 (가)~(다)에 들어갈 예시를 〈보기〉에서 골라 짝지은 것으로 적절한 것은?

〈보기〉

ㄱ. 물체 속도 변화의 원인은 물체에 힘을 가하는 것이다. 물체에 힘이 가해지면 물체의 속도가 변하고, 물체에 힘이 가해지지 않는다면 물체의 속도는 변하지 않는다.

ㄴ. 뇌염모기에 물리는 것은 뇌염 발생의 원인이다. 뇌염모기에 물린다고 해서 언제나 뇌염에 걸리는 것은 아니다. 하지만 뇌염모기에 물리지 않으면 뇌염은 발생하지 않는다. 그래서 원인에 해당하는 뇌염모기를 박멸한다면 뇌염 발생을 막을 수 있다.

ㄷ. 콜라병이 총알에 맞는 것은 콜라병이 깨지는 원인이다. 콜라병을 깨뜨리는 원인은 콜라병을 맞히는 총알 이외에도 다양하다. 누군가 던진 돌도 콜라병을 깨뜨릴 수 있다. 하지만 콜라병이 총알에 맞는다면 그것이 깨지는 것은 분명하다.

	(가)	(나)	(다)
①	ㄱ	ㄴ	ㄷ
②	ㄱ	ㄷ	ㄴ
③	ㄴ	ㄱ	ㄷ
④	ㄴ	ㄷ	ㄱ

[2] 다음 글을 읽고 물음에 답하시오.

불교가 이 땅에 전래된 후 불교신앙을 전파하고자 신앙결사를 만든 승려가 여러 명 나타났다. 통일신라 초기에 왕실은 화엄종을 후원했는데, 화엄종 계통의 승려들은 수도에 대규모 신앙결사를 만들어 놓고 불교신앙에 관심을 가진 귀족들을 대상으로 불교 수행법을 전파했다. 통일신라가 쇠퇴기에 접어든 신라 하대에는 지방에도 신앙결사가 만들어졌다. 신라 하대에 나타난 신앙결사는 대부분 미륵신앙을 지향하는 정토종 승려들이 만든 것이었다.

신앙결사 운동이 더욱 확장된 것은 고려 때의 일이다. 고려 시대 가장 유명한 신앙결사는 지눌의 정혜사다. 지눌은 명종 때 거조사라는 절에서 정혜사라는 이름의 신앙결사를 만들었다. 그는 돈오점수 사상을 내세우고, 조계선이라는 수행 방법을 강조했다. 지눌이 만든 신앙결사에 참여해 함께 수행하는 승려가 날로 늘었다. 그 가운데 가장 유명한 사람이 요세라는 승려다. 요세는 무신집권자 최충헌이 명종을 쫓아내고 신종을 국왕으로 옹립한 해에 지눌과 함께 순천으로 근거지를 옮기는 도중에 따로 독립했다. 순천으로 옮겨 간 지눌은 그곳에서 정혜사라는 명칭을 수선사로 바꾸어 활동했고, 요세는 강진에서 백련사라는 결사를 새로 만들어 활동했다.

지눌의 수선사는 불교에 대한 이해가 높은 사람들을 대상으로 다소 난해한 돈오점수 사상을 전파하는 데 주력했다. 그 때문에 대중적이지 않다는 평을 받았다. 요세는 지눌과 달리 불교 지식을 갖추지 못한 평민도 쉽게 수행할 수 있도록 간명하게 수행법을 제시한 천태종을 중시했다. 또 그는 평민들이 백련사에 참여하는 것을 당연하다고 여겼다. 백련사가 세워진 후 많은 사람들이 참여하자 권력층도 관심을 갖고 후원하기 시작했다. 명종 때부터 권력을 줄곧 독차지하고 있던 최충헌을 비롯해 여러 명의 고위 관료들이 백련사에 토지와 재물을 헌납해 그 활동을 도왔다.

2. 윗글에서 알 수 있는 것은?

① 화엄종은 돈오점수 사상을 전파하고자 신앙결사를 만들어 활동하였다.
② 백련사는 수선사와는 달리 조계선이라는 수행 방법을 고수해 주목받았다.
③ 요세는 무신이 권력을 잡고 있던 시기에 불교 신앙결사를 만들어 활동하였다.
④ 정혜사는 강진에서 조직되었던 반면 백련사는 순천에 근거지를 두고 활동하였다.

[3] 다음 글을 읽고 물음에 답하시오.

　파시즘과 유사한 정치 형태들과 진정한 파시즘 사이의 경계를 명확하게 긋지 않고는 파시즘을 제대로 이해할 수 없다. 고전적 독재가 시민들을 단순히 억압해 침묵시킨 것과 달리, 파시즘은 대중의 열정을 끌어모아 내적 정화와 외적 팽창이라는 목표를 향해 국민적 단결을 강화하는 기술을 찾아냈다. 이 점에서 파시즘은 민주주의가 실패함으로써 나타난 아주 새로운 현상이다. 따라서 민주주의 성립 이전의 독재에는 '파시즘'이라는 용어를 사용하면 안 된다. 고전적 독재는 파시즘과 달리 대중적 열광을 이용하지 않으며 자유주의 제도를 제거하고자 하지 않는다.
　파시즘은 흔히 군사 독재와 혼동되기도 하는데, 모두 군사주의를 고취하고 정복 전쟁을 중심 목표로 삼았기 때문이다. 그러나 모든 파시즘이 군사주의 성격을 띤다고 해서 모든 군사 독재가 파시즘적인 것은 아니다. 군사 독재자들은 단순히 폭군 노릇을 했을 뿐, 파시스트처럼 대중의 열광을 끌어낼 엄두를 내지 못했다. 군사 독재는 반드시 민주주의의 실패와 연관된 것도 아닐 뿐더러, 인류 역사상 전사(戰士)들이 출현한 이래 줄곧 존재해온 통치 형태다.
　파시즘 체제와 권위주의 체제를 확연히 구별 짓는 것은 쉽지 않은데, 사실상 권위주의 체제였던 정권들이 당시 큰 성공을 거두고 있던 파시즘의 외양을 일부 빌려오는 경우가 많았던 1930년대는 특히 그렇다. 파시즘과 달리 권위주의 정권은 사적 영역을 완전히 없애려 하지는 않는다. 이 정권은 지역 유지, 기업 연합체, 장교단 가족, 교회와 같은 전통적 '중개 조직'을 위한 사적 영역을 허용한다. 권위주의 체제에서 사회 통제 기능을 주로 담당하는 것은 공식적 단일정당이 아니라 바로 이 같은 전통적인 사적 영역이다. 권위주의 통치자들은 국민들을 동원하지 않고 수동적 상태로 놓아두는 편을 선호하지만, 파시스트들은 대중을 흥분시켜 끌어들이고자 한다. 권위주의 통치자들은 강력하지만 제한된 국가를 선호한다. 그들은 파시스트와 달리 경제 부문 개입이나 사회복지정책 실행을 망설인다. 이 권위주의자들은 새로운 길을 제시하기보다는 현 상태를 유지하는 쪽에 집착한다.

3. 윗글에 가장 잘 부합하는 것으로 적절한 것은?

① 고전적 독재와 파시즘은 자유주의 제도의 제거를 추구하지만 사적 영역을 완전히 소멸시키려 하지는 않는다.
② 사적 영역을 허용하지 않고 대중집회 같은 제도권 외부 정치를 중시한다는 점에서 군사 독재와 파시즘은 같다.
③ 사적 영역을 활성화하고 대중을 적극적으로 동원해 자유주의 제도를 파괴하려 한다는 점에서 파시즘은 독특하다.
④ 고전적 독재와 군사 독재는 대중의 열광을 이용하지 않으며 반드시 근대 민주주의의 대안으로 등장한 것도 아니다.

4. 학생 A, B, C, D의 수강 신청과 관련하여 다음과 같은 사실들이 알려졌다. 다음 빈칸에 들어갈 말로 가장 적절한 것은?

- A와 B는 각각 〈헌법〉과 〈민법〉 중 한 과목을 선택해서로 겹치지 않게 신청한다.
- A가 〈헌법〉을 신청하면 D는 〈경제학〉을 신청한다.
- B가 〈헌법〉을 신청하면 C는 〈행정학〉이나 〈민법〉 중 하나를 신청한다.
- C가 〈행정학〉을 신청하면 D는 〈경제학〉을 신청한다.
- D는 〈경제학〉을 신청하지 않는다.

 이를 통해 C가 ☐을 신청한다는 것을 알 수 있게 된다.

① 〈행정학〉　② 〈민법〉
③ 〈헌법〉　④ 〈경제학〉

5. 밑줄 친 서술어가 필수적으로 요구하는 문장 성분의 개수 및 종류가 같은 것끼리 짝지어진 것은?

① ┌ 할아버지는 형님 댁에 <u>계신다</u>.
　└ 여객선이 <u>도착한</u> 항구엔 안개가 꼈다.

② ┌ 저 친구는 불평이 <u>그칠</u> 날이 없다.
　└ 그는 배에서 <u>내리는</u> 장면을 상상했다.

③ ┌ 나는 이 호박을 죽으로 <u>만들</u> 것이다.
　└ 아버지는 뜬눈으로 밤을 <u>새웠다</u>.

④ ┌ 얼음으로 <u>된</u> 성이 나타났다.
　└ 그는 남이 <u>아니고</u> 가족이다.

⑤ ┌ 그의 신중함은 아무래도 <u>지나쳤다</u>.
　└ 언니는 간이역만 <u>지나치는</u> 기차를 탔다.

DAY 05 정답 및 해설 — Week 4

DAY 05

| 1 ④ | 2 ③ | 3 ④ | 4 ② | 5 ① |

1. ④

문항 명사수의 눈

이렇게 '첫째, 둘째, 셋째'를 나누어 병렬로 제시하는 지문에서는 병렬도 대비임을 유념하고, 이들을 동일한 층위에서 병렬적인 것으로 제시하는 까닭이 있을 것임을 인지하고 지문을 읽어 나갈 수 있도록 하자. 이 지문에서는 결과와 원인이 각각 충분조건, 필요조건, 혹은 필요충분조건 중 무엇인지에 따라 나뉘고 있다는 점을 인지하고 이를 정리해 줄 수 있었다면 무난하게 답을 골라낼 수 있었을 것이다.

정답 분석

④ (가)는 '필요조건으로서 원인'의 예시로 제시되고 있는 것으로, "어떤 결과의 원인이 없었다면 그 결과도 없다."라는 말로 표현되는 것이다. 따라서 원인(뇌염모기)이 없을 때(박멸), 결과 발생(뇌염 발생)을 막을 수 있다는 ㄴ이 가장 적절하다고 판단할 수 있다.

(나)는 '충분조건으로서의 원인'의 예시로 제시되고 있는 것으로, "어떤 결과의 원인이 있었다면 그 결과도 있다"라는 말로 표현되는 것이다. 따라서 결과(콜라병 깨짐)의 원인(콜라병이 총알에 맞음)이 있으면 결과(콜라병 깨짐)가 발생하는 것은 분명하다는 ㄷ이 가장 적절하다고 판단할 수 있다.

(다)는 '필요충분조건으로서 원인'의 예시로 제시되고 있는 것으로, "어떤 결과의 원인이 없다면 그 결과는 없고, 동시에 그 원인이 있다면 그 결과도 있다"라는 말로 표현되는 것이다. 따라서 원인(물체에 힘을 가함)이 있으면 결과(물체 속도 변화)가 있고, 동시에 원인이 없다면(물체에 힘을 가하지 않음) 결과도 없다(물체의 속도 변하지 않음)라는 말에는 ㄱ이 가장 적절하다고 판단할 수 있다.

2. ③

정답 분석

③ 2문단에 따르면, 요세는 무신집권자 최충헌이 명종을 쫓아내고 신종을 국왕으로 옹립한 해에 지눌과 함께 순천으로 근거지를 옮기는 도중에 따로 독립하였다. 그는 강진에서 백련사라는 결사를 새로 만들어 활동하였으므로 적절하다.

오답 분석

① 1문단에 따르면, 화엄종 계통의 승려들은 통일신라 초기 신앙결사를 만들어 활동했다. 그러나 지문 내용만을 바탕으로 그들이 어떤 사상을 전파하고자 했는지는 알 수 없다.

② 2문단에 따르면, 백련사는 요세가 강진에서 새로 만들어 활동한 결사이다. 요세가 지눌이 만든 신앙결사에 참여해 함께 수행했던 것은 사실이나, 따로 독립한 요세가 만든 백련사가 조계선이라는 수행 방법을 고수했는지 여부는 지문 내용만을 바탕으로 알 수 없다. 나아가 조계선을 강조했던 것은 지눌이며, 그는 정혜사라는 결사를 만든 후 그 명칭을 수선사로 바꾸어 활동했다. 이를 바탕으로 조계선은 백련사가 아니라 수선사의 수행 방법임을 추론할 수 있으므로 해당 선지는 적절하지 않다.

④ 강진에서 조직된 결사는 백련사이다. 순천에서는 지눌이 정혜사라는 결사의 명칭을 수선사로 바꿔 활동하였다.

3. ④

> **문항 명사수의 눈**
>
> 다른 독재와의 대비를 통해 이들과 파시즘의 공통점과 차이점이 문단별로 구체화되고 있음에 주의하자. 대비가 제시될 때는 대상의 속성을 대비하고, 공통점과 차이점을 정리하여 지문에서 강조하는 서술 대상의 특성을 파악할 필요가 있다. 또한 이렇게 문단별로 대상의 정보가 주어질 때 정보를 단편적으로 인식하는 것이 아니라, 이전 정보에 새로운 정보가 추가되고 있음을 인지하자.

정답 분석

④ 1문단에 따르면 고전적 독재는 파시즘과 달리 대중적 열광을 이용하지 않으며 대중적 열광을 이용하는 파시즘은 이 면에서 민주주의가 실패하여 나타난 새로운 현상이다. 따라서 민주주의 성립 이전의 독재에는 파시즘이라는 용어를 사용해서는 안 되므로 고전적 독재는 대중적 열광을 이용하지 않으며, 민주주의의 대안으로 등장한 것이라고 보기 다소 어려움을 알 수 있다, 또한 2문단에 따르면 군사 독재자들은 대중의 열광을 끌어낼 엄두를 내지 못했다고 제시되고 있고 군사 독재는 반드시 민주주의 실패와 연관된 것이 아니라고 제시되고 있으므로 해당 선지는 적절하다고 판단할 수 있다.

오답 분석

① 1문단에 따르면 고전적 독재는 자유주의 제도를 제거하고자 하지 않는다고 제시되고 있으므로 적절하지 않다고 판단할 수 있다. 더욱이 3문단에서 권위주의 정권과 달리, 파시즘은 사적 영역을 완전히 없애려 든다는 점을 확인할 수 있으므로 적절하다고 보기 어렵다.

② 대중집회와 같은 제도권 외부 정치는 대중적인 열광을 이용하는 것으로, 2문단에 따르면 군사 독재자들은 파시스트와 달리 대중의 열광을 끌어낼 엄두를 내지 못했다고 했으므로 적절하다고 보기 어렵다.

③ 3문단에 따르면 파시스트들은 권위주의 정권과 달리 사적 영역을 완전히 없애려 들었으므로 적절하다고 보기 어렵다.

4. ②

정답 분석

② 다섯 번째 진술에 따라 D는 〈경제학〉을 신청하지 않는다. 따라서 네 번째 진술의 후건 부정으로 C가 〈행정학〉을 신청하지 않았음을 알 수 있다. 또한 두 번째 진술의 후건 부정을 통해 D가 〈경제학〉을 신청하지 않은 이상, A는 〈헌법〉을 신청하지 않았음을 알 수 있다. 그렇다면 첫 번째 진술에서 A가 〈민법〉으로 결정되므로, B는 〈헌법〉을 선택했을 것이다. 세 번째 진술에 위 사실들을 적용하면 B가 〈헌법〉을 신청한다는 조건은 만족되었으므로, C에 대해서 선언지 제거로 〈민법〉을 선택했을 것이라고 판단할 수 있다.

5. ①

정답 분석

① 먼저, '할아버지는 형님 댁에 계신다.'에서 '계신다'가 필수적으로 요구하는 문장 성분은 주어 '할아버지는'과 부사어 '댁에'로 2개이다. 다음으로, '여객선이 도착한 항구엔 안개가 꼈다.'에서 관형절의 서술어 '도착한'이 필수적으로 요구하는 문장 성분은 주어 '여객선이'와 부사어 '항구에'로 2개이다. 따라서 '계신다'와 '도착한'이 필수적으로 요구하는 문장 성분은 모두 주어와 부사어 2개로서 개수 및 종류가 같으므로 적절하다.

오답 분석

② 먼저, '저 친구는 불평이 그칠 날이 없다.'에서 관형절의 서술어 '그칠'이 필수적으로 요구하는 문장 성분은 주어인 '불평이'로 1개이다. 다음으로, '그는 배에서 내리는 장면을 상상했다.'에서 관형절의 서술어 '내리는'이 필수적으로 요구하는 문장 성분은 주어인 '그가'와 부사어 '배에서'로 2개이다. 따라서 적절하지 않다.

③ 먼저, '나는 이 호박을 죽으로 만들 것이다.'에서 서술어 '만들'이 필수적으로 요구하는 문장 성분은 주어 '나는', 목적어 '호박을', 부사어 '죽으로'로 3개이다. 다음으로, '아버지는 뜬눈으로 밤을 새웠다'에서 서술어 '새웠다'가 필수적으로 요구하는 문장 성분은 주어 '아버지', 목적어 '밤을'로 2개이다. 따라서 적절하지 않다.

④ 먼저, '얼음으로 된 성이 나타났다.'에서 관형절의 서술어 '된'이 필수적으로 요구하는 문장 성분은 주어인 '성이'와 부사어인 '얼음으로'이다. 다음으로, '그는 남이 아니고 가족이다.'에서 서술어 '아니고'가 필수적으로 요구하는 문장 성분은 주어인 '그는'과 보어인 '남이'로 2개이다. 따라서 필수적으로 요구하는 문장 성분은 2개로 같지만 그 종류가 서로 다르므로 적절하지 않다. 참고로, '성이 얼음으로 되다.'에서 '되다'가 '어떤 재료나 성분으로 이루어지다.'의 의미로 쓰였으므로 부사격 조사 '으로'가 결합한 '얼음으로'는 보어가 아닌 부사어이다.

⑤ 먼저, '그의 신중함은 아무래도 지나쳤다.'에서 서술절의 서술어 '지나쳤다'가 필수적으로 요구하는 문장 성분은 주어인 '신중함은'으로 1개이다. 다음으로, '언니는 간이역만 지나치는 기차를 탔다.'에서 관형절의 서술어 '지나치는'이 필수적으로 요구하는 문장 성분은 주어인 '기차가'와 목적어인 '간이역만'으로 2개이다. 따라서 적절하지 않다.

빠른 정답

국어 치열하게 독하게

공무원 데일리 유대종

WEEK 1

· DAY 01 ·　P.008
1 ②　2 ②　3 ③　4 ③　5 ④

· DAY 02 ·　P.016
1 ①　2 ③　3 ②　4 ③　5 ④

· DAY 03 ·　P.022
1 ②　2 ④　3 ②　4 ④　5 ④

· DAY 04 ·　P.030
1 ①　2 ①　3 ④　4 ①　5 ②

· DAY 05 ·　P.036
1 ④　2 ④　3 ④　4 ④　5 ①

WEEK 2

· DAY 01 · 　P.044
1 ③　2 ①　3 ③　4 ③　5 ④

· DAY 02 · 　P.050
1 ②　2 ④　3 ①　4 ④　5 ④

· DAY 03 · 　P.058
1 ②　2 ③　3 ②　4 ②　5 ②

· DAY 04 · 　P.064
1 ②　2 ④　3 ②　4 ②　5 ④

· DAY 05 · 　P.070
1 ③　2 ④　3 ③　4 ①　5 ③

빠른 정답 | 국어 치열하게 독하게

WEEK 3

· DAY 01 · P.080

| 1 ① | 2 ④ | 3 ① | 4 ③ | 5 ③ |

· DAY 02 · P.088

| 1 ② | 2 ③ | 3 ① | 4 ④ | 5 ④ |

· DAY 03 · P.096

| 1 ④ | 2 ④ | 3 ② | 4 ② | 5 ④ |

· DAY 04 · P.104

| 1 ③ | 2 ② | 3 ④ | 4 ② | 5 ② |

· DAY 05 · P.110

| 1 ④ | 2 ③ | 3 ② | 4 ④ | 5 ④ |

WEEK 4

· DAY 01 · P.120

| 1 ① | 2 ② | 3 ③ | 4 ④ | 5 ③ |

· DAY 02 · P.130

| 1 ② | 2 ② | 3 ② | 4 ① | 5 ④ |

· DAY 03 · P.136

| 1 ② | 2 ④ | 3 ② | 4 ③ | 5 ② |

· DAY 04 · P.142

| 1 ① | 2 ① | 3 ② | 4 ④ | 5 ⑤ |

· DAY 05 · P.148

| 1 ④ | 2 ③ | 3 ④ | 4 ② | 5 ① |

2026년도 **공무원** 데일리 유대종 **시즌 2**  **국어** 치열하게 독하게